Nofretete und das Geheimnis von Amarna

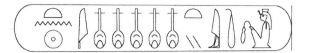

CAROLA WEDEL

NOFRETETE

und das Geheimnis von Amarna

Hieroglyphe auf S. 1: »Nofretete: Die Schöne ist gekommen.«
Abb 1, S. 2/3: Ansicht des heutigen Tell El-Amarna, dem
   Ort nahe der ehemaligen Hauptstadt Achet-Aton von
   Echnaton.

Umschlag Rückseite: Die Büste der Nofretete im
   Nordkuppelsaal des Neuen Museums in Berlin

Impressum

Wedel, Carola:
Nofretete und das Geheimnis von Amarna
1. Auflage – Berlin: Berlin Story Verlag 2011
ISBN 978-3-86368-003-9

Umschlag und Satz: Norman Bösch

© Alles über Berlin GmbH
Unter den Linden 40, 10117 Berlin
Tel.: (030) 51 73 63 08
Fax: (030) 51 73 63 06
www.BerlinStory-Verlag.de
E-Mail: Service@AllesUeberBerlin.com

WWW.BERLINSTORY-VERLAG.DE

INHALTSVERZEICHNIS

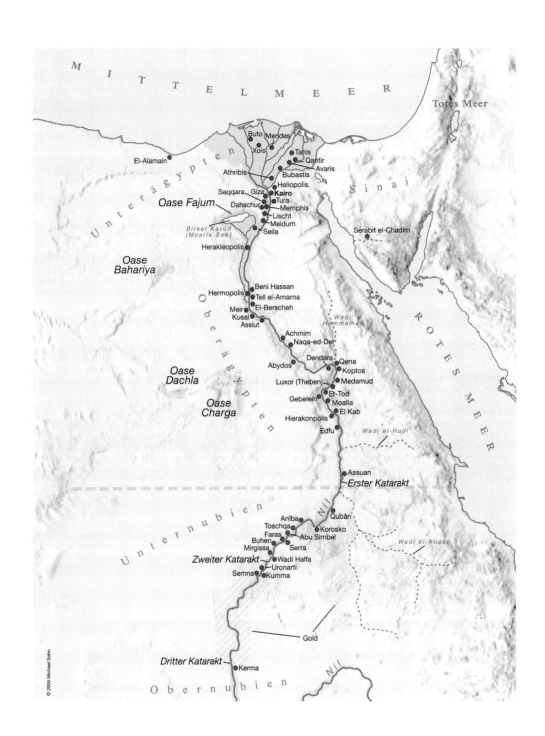

Map labels:

MITTELMEER

Totes Meer

Sinai

ROTES MEER

Unterägypten

Oberägypten

Buto · Mendes
Xois ·
El-Alamain ·
Tanis · Qantir
Athribis · Avaris
Bubastis ·
Saqqara · Heliopolis
Giza · **Kairo**
Oase Fajum
Dahschur · Tura
Memphis
Lischt
Birket Karûn
(Moeris See)
Meidum
Seila

Serabit el-Chadim

Herakleopolis

Oase
Bahariya

Beni Hassan
Hermopolis · Tell el-Amarna
Meir · El-Berscheh
Kusai ·
Assiut

Wadi Hammamat

Achmim
Naqa-ed-Der

Oase
Dachla

Abydos · Dendara
Qena
Koptos
Luxor (Theben) · Medamud
Oase
Charga
Gebelein · Et-Tod
Moalla
El Kab
Hierakonpolis ·
Edfu

Wadi el-Hudi

Assuan
Erster Katarakt

Unternubien

Nil

Aníba · Qubân
Toschqa · Koroskо
Faras · Abu Simbel
Buhen · Serra
Mirgissa ·
Zweiter Katarakt · Wadi Halfa
Uronarti
Semna · Kumma

Wadi el-Allaqi

Gold

Dritter Katarakt · Kerma

Obernubien

Nil

© 2005 Michael Sohn

2 Karte von Ägypten

Dreitausend Jahre lang wusste man nicht, dass es sie einmal gegeben hat, dass sie eine der schönsten Frauen des Alten Ägypten und eine der mächtigsten Pharaoninnen in der Geschichte dieses Landes gewesen war: Nofretete, die Königin vom Nil. Konsequent hatten die Gegner von Nofretete und Echnaton die Namen und Abbildungen des Königspaares ausgelöscht. Eine umfassende Strafaktion gegen den Ketzer und Frevler Echnaton, der im 14. Jahrhundert v. Chr. nicht nur eine neue Religion eingeführt hatte, sondern auch eine neue Kunst, Schrift und Sprache. Der Nachwelt sollten er und seine Familie unbekannt bleiben und so radikal ausgelöscht werden, dass auf ein Leben im Jenseits keine Hoffnung bestand. Erst bei den napoleonischen Feldzügen wurden Europäer auf die Ruinen von Achet-Aton, der Stadt, die Echnaton seinem Gott bauen ließ und in der er mit Nofretete und über 50 000 Menschen zwölf Jahre lang lebte, aufmerksam. 1824 dann entdeckte der Engländer Wilkinson dort Felsengräber mit Abbildungen eines herrschaftlichen Paares. Aber erst nachdem Champollion die Hieroglyphen entziffert hatte, konnten auch die zugehörigen Namen enträtselt werden: Nofretete und Echnaton.

Die große Faszination von Nofretete und dieser Zeit der 18. Dynastie aber begann am 6. Dezember 1912 mit der Entdeckung der »bunten Büste« der Großen Königlichen Gemahlin.

Inzwischen ist Nofretete eine der bekanntesten Frauen der Welt. Aber ihre Geschichte ist bis heute unerzählt. Noch immer ist die historische Person von Geheimnissen umwoben.

Ich habe Nofretete zum ersten Mal in Charlottenburg gesehen, als ich zum Studium in die damals noch geteilte Stadt kam. Und auch mir ging es wie den meisten Besuchern des Ägyptischen Museums: ich war fasziniert und erschüttert von ihrer Lebendigkeit und Schönheit. Ihre Ausstrahlung – eine stolze Selbstgewissheit, der ein Hauch von Traurigkeit innezuwohnen scheint – zog mich in ihren Bann und ich kehrte immer wieder zu ihr zurück. Erst nach der Wende erfuhr ich, dass es noch eine ganze Reihe anderer Nofretete-Köpfe in Ost-Berlin gab.

Dann erlebte ich die nächste Überraschung: den Ort Amarna. »Da gibt es eigentlich nichts zu sehen«, hatte man mir gesagt, »nur Wüste, einige Mauerreste und ein paar Felsengräber, in denen man so gut wie nichts erkennt.« Aber als wir dort ankamen, entdeckten wir faszinierende, zum Teil sehr gut erhaltene Abbildungen von Nofretete und Echnaton, einen teilweise restaurierten Palast, ja sogar Reste der Werkstatt von Thutmosis, in der die Büste von Nofretete gefunden wurde.

Seit dem 17. Oktober 2009 ist Nofretete wieder im Neuen Museum zu sehen, dort wo sie 1924 nach ihrer Entdeckung zum ersten Mal ausgestellt worden war. Unzählige Menschen aus aller Welt haben ihr dort seither die Aufwartung gemacht, bezaubert und fasziniert von dieser in vieler Hinsicht einmaligen Frau.

Carola Wedel
im August 2011

3 *Die weltberühmte Büste der Nofretete wurde 1912 bei den Grabungen in Tell El-Amarna gefunden.*

Das Gesicht ewiger Schönheit

Für den Betrachter ist es immer wieder eine faszinierende Begegnung; sie erscheint gleichzeitig nah und doch fern, vertraut und jedes Mal anders. Eine Zeitgenossin aus einer fernen Welt, über Zeit und Raum hinweg mit der Gegenwart verbunden. Ganz bei sich, selbstbewusst und stark und gleichzeitig zerbrechlich. Sie besitzt ein Lächeln, das auf den ersten Blick kalt und arrogant wirkt, von nahem aber sanft, entrückt, fast melancholisch ist. Sie ist gleichzeitig jung und doch eine gereifte Frau, die Würde, Schönheit, Ewigkeit ausstrahlt.

Viele Besucher kommen nur ihretwegen – und sie kommen immer wieder. Weitgereiste bleiben verblüfft stehen, nicht wegen des fehlenden Auges, sondern weil sie so überaus lebendig wirkt. Atmet sie? Spricht sie? Es ist, als würde sie jeden Moment anfangen, sich zu bewegen. Für jeden ist die Begegnung mit dieser Büste, mit Nofretete (▶ 3) etwas Besonderes.

Für den Entdecker, den deutschen Ägyptologen Ludwig Borchardt, stand die Skulptur für Vollendung und war umgeben von einer Aura des Friedens. Sie wurde für ihn »zum Inbegriff von Ruhe und Ebenmaß«. Thomas Mann war von ihrer »ängstlichen Lieblichkeit« fasziniert. Auf Camille Paglia, die für ihre provokativen Thesen bekannte amerikanische Kunst- und Kulturhistorikerin, wirkte sie bei aller Schönheit eher streng und unnahbar: »Unter allen Kunstwerken ist dies das am wenigsten trostreiche. Die angemessene Reaktion auf die Büste der Nofretete ist Angst!«

Immer jedoch wird ihre zeitlose, auf jedermann gleichermaßen wirkende Schönheit genannt, die Gesichtszüge von exquisiter Form und Feinheit, der Ausdruck von Sanftmut mit einem leichten Hauch von Traurigkeit, aber auch die dahinter liegende Stärke. Bis heute umgibt sie ein großes Geheimnis: Eine Frau und Königin, über die man sehr gern alles wissen möchte, von der man aber bis in unsere Tage doch nur wenig weiß.

Bereits der Versuch einer Beschreibung zeigt den Facettenreichtum dieses Kunstwerks: Das Gesicht erscheint majestätisch, streng. Die Nase bildet eine klare Linie, die Haut ist hell und frisch, nur das rechte Auge ist vollständig. Der lange, anmutige Hals trägt den Kopf wie eine schwerelose Last, obwohl die Krone ein ziemliches Gewicht gehabt haben muss. Bis heute streiten die Forscher darum, ob sie aus Leder oder aus Edelmetall gefertigt worden war. Die Gesichtshälften, die identisch zu sein scheinen, haben ein vollkommenes Ebenmaß. Die Augen sind groß und mandelförmig, eingerahmt von einem schwarzen Kajalstrich und den weit geschwungenen Augenbrauen. Hohe Wangenknochen betonen die schmalen Konturen ihres Gesichts. Kleine feine Ohren, denen die Zeit nicht geschadet hat. Die Lippen sind ebenmäßig, weder sehr voll noch schmal. Ein vibrierender bräunlicher Rotton, wie eben geschminkt, ist aufgelegt. Ein leichtes Lächeln umspielt die Mundwinkel. Die Haare liegen verborgen unter der Krone, die sich trapezförmig über einem Goldreif öffnet und eng an die Stirn geschmiegt ist. Die dunkelblaue Krone – oberhalb des linken Ohrs beschädigt – ist wohl das Pendant zu der ebenfalls blauen, etwas anders geformten Krone ihres Mannes Echnaton. In der Mitte befindet sich eine Uräusschlange, deren einst aufgerichteter Kopf abgebrochen ist: das Symbol der Könige.

Horizontal wird die Krone von einem bunten Band gequert – in der Wirklichkeit ein Diademreifen – das auf der Rückseite zu einer Kokarde gebunden ist. In der Mitte besitzt sie einen Knopf aus Karneol, von zwei Papyrusdolden flankiert. In einer dynamischen Bewegung führen die Enden der Bänder dann wieder schräg nach vorn. Im Rücken verläuft vertikal vom Ansatz der Krone im Nacken bis zur Mitte des prachtvollen Halskragens ein weiteres rotes Band. Diadem und Collier sind in denselben Farben gehalten: Blau wie der Himmel, grün wie die Vegetation, Gold – »Fleisch der Götter« – und Rot als die Farbe der Könige. Im Leben trug die Königin Juwelen und Gold, Edel- und Halbedelsteine wie Karneol, Malachit und Lapislazuli. Makellos erscheint ihr Gesicht und spiegelt ein immer noch gültiges Schönheitsideal wieder. Unfassbar, dass dieses bekannteste

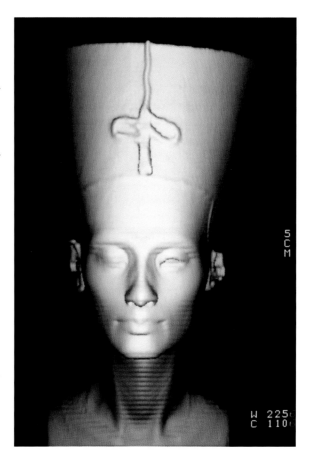

Kunstwerk aus Altägypten unbeschadet mehr als 3000 Jahre überstanden hat.

Vom Moment der Entdeckung Nofretetes an haben Kunsthistoriker, Archäologen und Ägyptologen immer wieder versucht, durch Vermessungen, Modelle und Theorien der Wirkung dieser Büste auf die Spur zu kommen. Zum einen ging es um die Frage, ob die Gesichtshälften wirklich völlig gleich sind, zum anderen darum, mit welchen Maßeinheiten der Künstler um 1345 v. Chr. eine solche Ebenmäßigkeit erzeugen konnte. Wirklich erklären konnte die Wirkung der Büste bis heute niemand.

Seit Beginn der 1990er-Jahre wurden dann – als einem der ersten von Dietrich Wildung – nicht mehr vorgefasste Fragen an das Kunstwerk herangetragen. Seit-dem bemüht man sich verstärkt, es aus sich selbst heraus zu begreifen. 1992 hat der ehemalige Direktor des Ägyptischen Museums Berlin eine Computertomographie (CT) an der Büste durchführen lassen (▶ 4). Diese brachte überraschende Ergebnisse: Innen besteht die Skulptur aus einem Kalksteinkern, der erkennen lässt, dass die Schultern ursprünglich nicht ganz gleich in der Höhe waren, der Nacken länger und dünner und die Krone an der Rückseite straffer und enger gefasst war, als wir das heute sehen. Diese »Mängel« hat der Bildhauer Thutmosis, der Schöpfer der Büste, mit Stuck ausgeglichen und ergänzt – in kleinerem Maßstab übrigens auch im Gesicht –, so dass das perfekte Ebenmaß der Erscheinung entstand (▶ 5). Dieses Ebenmaß muss also ganz

4 *1992 ließ das Ägyptische Museum an der Büste eine Computertomographie durchführen. Es stellte sich heraus, dass nicht gelungene Stellen im Kalksteinkern durch die aufgetragene Stuckschicht vom Künstler korrigiert wurden.*

besondere Absicht gewesen sein. »Wir haben auf diese Weise nachgewiesen«, so Wildung im Interview, »dass die Büste ein Versuchsstück war. Ein Objekt der Formfindung. Der Künstler tastet sich an ein Ideal heran. Als er es erreicht hat, wird die Büste Modell für viele Nachbildungen.«

Mehr als zehn Köpfe von Nofretete wurden in der Werkstatt des Thutmosis gefunden, aus verschiedensten Materialien angefertigt, alle in unterschiedlichen »Aggregatzuständen« des künstlerischen Schaffensprozesses. An einem unfertigen Kalksteinkopf (▶ 6) sind noch die schwarzen Striche zu sehen, mit denen der Meister der Bildhauerwerkstatt in der von Echnaton neu gegründeten Hauptstadt Achet-Aton, in der Nähe des in jüngerer Zeit entstandenen Dorfes Amarna, markierte, welche Veränderungen er wünschte, um diesen Gesichtstyp zu bekommen.

Vielleicht war auch das eine Nachbildung der Büste, die später ganz wie das Ideal bemalt werden sollte. Auch ein Gipskopf (▶ 7) mit runderen Wangen und einem etwas volleren Mund zeugt von dem Ringen um das »neue Image« von Nofretete. »Es erscheint mehr und mehr wahrscheinlich«, schreibt Dorothea Arnold, die Direktorin der ägyptologischen Abteilung des Metropolitan Museum of Art, »dass die Werkstatt des Thutmosis ausdrücklich den Auftrag hatte, das neue Gesicht der Königin zu kreieren«. Während Dorothea Arnold glaubt, dass die Büste der Königin bereits zu einer frühen Zeit in Amarna entstanden ist, hält Dietrich Wildung auch die letzten Jahre von Echnatons Herrschaft für möglich. Auch die immer wieder gestellte Frage, warum sie nur ein Auge hat, bleibt offen: Nach den Tagebucheintragungen von Ludwig Borchardt hat man bei der Ausgrabung

5 *In der Detailaufnahme des Kopfes wird die feine Modellierung deutlich, welche die Lebendigkeit des Kopfes ausmacht. Besonders am Mund und in der Wangenpartie sollten noch Veränderungen vorgenommen werden.*

auf der Suche nach dem zweiten sofort den ganzen Sand mehrfach durchsiebt, es aber nicht gefunden. Heute gehen die meisten Forscher davon aus, dass es in dieser Phase der Herstellung nur ein Auge gegeben hat, vielleicht um den Herstellungsprozess der Einlagetechnik – Aushöhlung, dann Füllung mit Wachs und schließlich Bergkristall – zu veranschaulichen.

In den ersten Jahrzehnten ihrer Aufstellung in Deutschland wurde die alterlose Schönheit von Nofretete betont, die frappierende Jugendlichkeit in ihren Zügen.

Mit der Aufstellung im Neuen Museum seit Oktober 2009 hat sich das geändert. Vorausgegangen war eine CT-Untersuchung der Königin vom Nil mit neuester Technik. Heraus kam eine Riesenüberraschung. Unter dem zeitlosen äußeren Gesicht Nofretetes erschien ein zweites, älter aussehendes: feine Linien von der Nase zu den Mundwinkeln waren erkennbar, leichte Tränensäcke und schließlich auch Schultern, die eher herab zu hängen schienen als dass sie stark und gespannt gewirkt hätten.

Der für die Einrichtung der ägyptischen Sammlung im Neuen Museum zuständige ehemalige Direktor Dietrich Wildung wollte diese Ergebnisse bei der Aufstellung von Nofretete dort im Nordkuppelsaal erlebbar werden lassen. Immer wieder wurde – zunächst an einer Kopie des Kopfes – das Licht für die Inszenierung von Nofretete ausprobiert. Schließlich war er zufrieden: bei genauer Betrachtung sieht man jetzt auch an der bunten Büste leichte Altersfalten um den Mund und kleine Schatten unter den Augen.

»Jetzt ist sie eine ganz andere Person geworden, hat Persönlichkeit bekommen. Das Gesicht eines Menschen, der eine bewegte und bewegende Geschichte erlebt hat. Für mich ein geradezu tragischer Ausdruck«, so Dietrich Wildung am

4. Oktober 2009 um 6 Uhr morgens, als Nofretete ihren neuen Platz in der schlanken hohen Vitrine unter der Nordkuppel bezogen hat.

Der Besucher nähert sich ihr durch die Welt ihrer Zeit und ihrer Umgebung: die Welt von Amarna. Die weltberühmte Sammlung ist in drei Räumen vor ihr ausgestellt, Räume, die architektonisch alt und neu miteinander verbinden.

Ganz zentral in der Apollo-Nische im unmittelbaren Vorraum der so genannte »Hausaltar«, eine Stele auf der Echnaton und Nofretete mit drei ihrer Töchter dargestellt sind. Davor der eindrucksvolle kleine Porträtkopf der Königin Teje, in der Mitte unter anderem die kleine Holzfigur des opfernden Echnaton. Daneben ein nur wenige Zentimeter großes, aber sehr ergreifendes Händepaar von Echnaton und Nofretete und in einer der Vitrinen an der Wand die einzige Ganzkörperfigur, die es von ihr gibt, eine stehende Kalksteinskulptur. Einen Eindruck von der Schönheit der Paläste in Amarna gibt das Fragment eines Fußbodens, ein Gemälde, bei dem Vögel aus einem Papyrusdickicht auffliegen.

Auf dem fast frei schwebenden, lichtdurchfluteten »Amarna Plateau« rechts von diesem Raum, im neu erbauten Ägyptischen Hof, dem »sanctuary« – »Allerheiligsten«, wie David Chipperfield es nennt – stehen ausschließlich Porträtköpfe aus der Amarna-Zeit: Echnaton, Nofretete, ihre Töchter und Kija, eine Nebenbuhlerin von Nofretete.

Der Nordkuppelsaal mit seinen noch gut erhaltenen farbenprächtigen Ausmalungen und seinem wunderschönen Mosaikfußboden wurde nach einigen Überlegungen über den eindrucksvollsten Aufstellungsort für Nofretete als einzig adäquater Ort für die Königin vom Nil auserwählt. Hier kommt ihre Schönheit aufs Beste zur Wirkung und bietet ausrei-

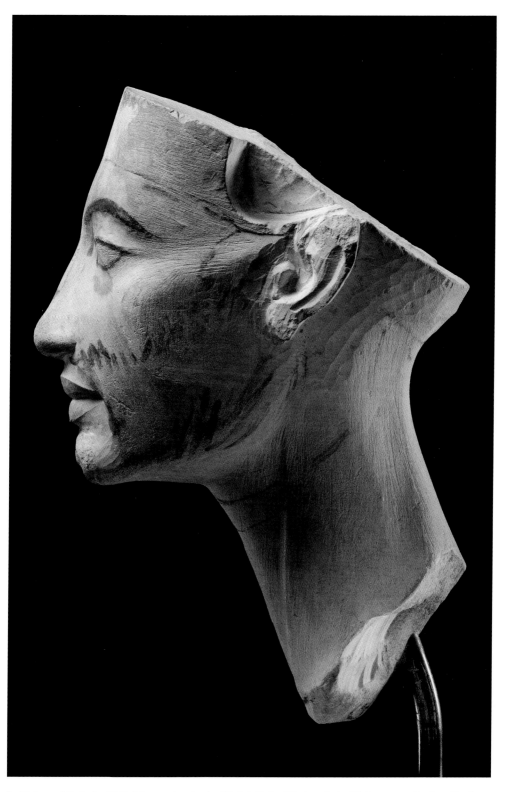

6 *Mehrere Köpfe der Nofretete wurden in der Werkstatt des Thutmosis in El-Amarna gefunden. Zu ihnen gehört auch dieser unfertige Kalksteinkopf, der heute in Berlin aufbewahrt wird.*

Schriftkultur aus fünf Jahrtausenden.

Wenn man dem Blick von Nofretete folgt, dann sieht man ganz am Ende der langen Enfilade schöner Räume, die dem Nordkuppelsaal gegenüberliegen, zwei antike Götterstatuen aus Marmor. Ihr direkt gegenüber »Helios«, gefunden in Alexandria. Hier schließt sich der Kreis: der Einfluss der ägyptischen Götter, auch in der Antike wird er noch deutlich.

Und Nofretete: atemberaubend ist, wie ihr Gesicht auch heute noch einem absoluten, weltweit gültigen Schönheitsideal entspricht. Verständlich, dass viele Ägypter sie am liebsten im eigenen Land sehen würden. In allen Städten am Nil trifft man auf ihr Konterfei, als Souvenir jeder Art. Sogar auf dem Einreisevisum nach Ägypten ist die Berliner Nofretete im Profil abgedruckt. Eine Rückkehr ist aber mehr als unwahrscheinlich. Auch wenn immer wieder darüber diskutiert wird: nach dem Stand der Wissenschaften ist sie 1913 bei der Fundteilung ganz legal, nach Recht und geltenden Verträgen, ihrem Entdecker Ludwig Borchardt zugesprochen worden. Darüber hinaus haben jüngste Untersuchungen ergeben, dass ihr Zustand so fragil ist, dass Nofretete wohl nie wieder bewegt werden wird und ihr Einzug ins Neue Museum ihre letzte Reise war.

chend Platz für die bis zu 4000 Besucher pro Tag.

Vom Nordkuppelsaal aus hat Nofretete einen faszinierenden Blick in den wohl schönsten Raum des Hauses, den Niobidensaal. Eine »Bibliothek der Antike« ist hier zu entdecken. Vier riesige Bronzetische mit integrierten Schiebeböden, die über 200 Schriftdokumente enthalten. In erster Linie Papyri – 60 000 besitzt das ägyptische Museum –, aber auch Keilschrifttexte, Bibeltexte, Korane, Ostraka etc. Ein einzigartiges Kompendium der

7 *Auch dieser Gipskopf von Nofretete wurde in der Werkstatt des Thutmosis gefunden. Er zeigt die Königin mit etwas volleren Wangen als die berühmte Büste.*

Hier wurde sie gefunden: in der Ecke eines lang gestreckten Raumes im nordöstlichen Teil einer Hausruine (▶ 8). Hellbraune Reste von aufeinander gebauten Lehmziegeln, knochentrocken in der weiten Wüste hinter dem Dörfchen El-Amarna. Viele ähnlich aussehende Ruinen, kaum mehr als Fundamente, gibt es hier.

An dieser Stelle stand sie also einmal, die herrliche Stadt des Sonnengottes Aton, groß, elegant. Gold geschmückt, die von Echnaton neu gegründete Residenz Achet-Aton (Horizont des Aton), die zugleich zum religiösen Zentrum des Sonnenkultes wurde. Neun Kilometer lang und einen Kilometer breit, mit prächtigen Tempeln und Palästen, Villen für die Reichen und Unterkünften für das Militär sowie Häusern von Arbeitern und Handwerkern. Eines der größten und nach den Ereignissen im Dezember 1912 eines der wichtigsten Gebäude: die Werkstatt des Thutmosis, des leitenden Bildhauers von Echnaton und Nofretete.

In der großzügigen, verschachtelten Anlage (▶ 9) mit Archiv, Brennöfen, Ateliers hat er mit seinen Mitarbeitern gearbeitet. Unendliche Mengen von Skulpturen, Büsten, Köpfen und Altären mit dem Abbild der königlichen Familie wurden hier für die Tempelanlagen hergestellt. Auch die bunte Büste von Nofretete ist hier entstanden.

Über 3000 Jahre hat niemand etwas davon gewusst. Es war nicht einmal bekannt, dass es Nofretete und Echnaton, die Stadt Achet-Aton und die Zeit ihrer Herrschaft überhaupt gegeben hatte.

Bis zum Beginn des 18. Jahrhunderts lag hier alles in einem vermeintlich ewigen Frieden. Niemand ahnte etwas von den Schätzen unter dem Wüstensand.

Niemand hatte jemals von Nofretete gehört. Niemand wusste, dass sie eine der schönsten Frauen des Alten Ägypten und eine der mächtigsten Königinnen in der Geschichte dieses Landes gewesen war. So konsequent hatten die Nachfolger

8 *Die Ruine der Werkstatt des Thutmosis ist – nach längerem Fußmarsch durch den Sand – noch heute in der Wüste bei Tell El-Amarna zu entdecken.*

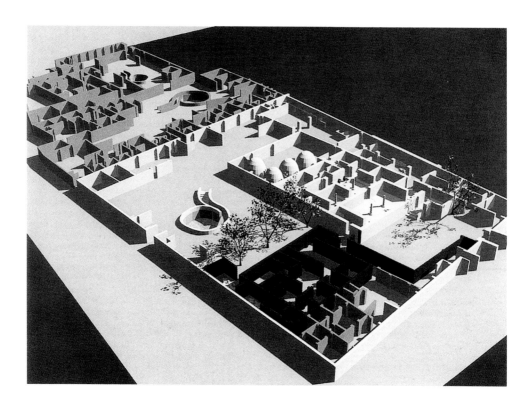

und Gegner von Nofretete und Echnaton Namen und Abbildungen des Königspaares ausgelöscht. »Damnatio memoriae«: das war die denkbar härteste Strafaktion gegen den »Ketzer« Echnaton. Nicht nur eine neue Religion mit einem einzigen Gott – Aton – hatte er statt des vertrauten Götter-Pantheon eingeführt, sondern auch eine neue Kunst, neue Schrift und Sprache. Der Nachwelt sollten er und seine Familie unbekannt bleiben und so radikal ausgelöscht werden, dass für sie auf ein Leben im Jenseits keine Hoffnung bestand.

Erst während der napoleonischen Feldzüge wurden Gelehrte in Mittelägypten auf die »Reste einer antiken Stadt« aufmerksam, Ruinen von Achet-Aton, der Stadt, die Echnaton seinem Gott bauen ließ und in der er mit Nofretete, seinen Kindern, mit Hofstaat, Gefolge und über 50 000 Menschen zwölf Jahre lang lebte. Aber das wusste man damals noch nicht.

Das Bild dieser Zeit setzte sich wie ein Mosaik erst allmählich zusammen:

1714 fertigte der Jesuitenpater Claude Sicard Kopien von einer der Grenzstelen Echnatons an. 1824 entdeckte der Engländer Sir John Gardner Wilkinson in einem Felsengrab verblüffende Abbildungen der beiden ungewöhnlichen Figuren eines Königs und einer Königin (▶ 10) Der berühmte Jean-Francois Champollion, der Begründer der Ägyptologie, war Anfang November des Jahres 1828 dort, allerdings nur einen Tag. Andere Baudenkmäler – Pyramiden, Tempel, außergewöhnlich gut erhalten und ohne große Anstrengung zu besichtigen und zu erforschen – waren zu dieser Zeit faszinierender. Gleichwohl: Nach der Entzifferung der Hieroglyphen durch ihn konnten die zugehörigen Namen bei den Abbildungen in den Felsengräbern enträtselt werden: Pharao Echnaton und seine Königin Nofretete. Mit großer Überraschung

9 *Das Modell der Werkstatt zeigt die verschachtelte Anlage mit Brennöfen und Ateliers, in der der bevorzugte Bildhauer des Herrscherpaares mit seinen Gehilfen arbeitete.*

stellten die Forscher fest, dass sie in der Königsliste von Abydos fehlten.

Im Totentempel von Sethos I. befindet sich diese offizielle Liste, und große Teile der 18. Dynastie – mehr als die Amarna-Zeit – fehlen in dieser Geschichtsschreibung. Sie springt direkt von Amenophis III., dem Vater Echnatons, zu Haremhab, dem letzten König der 18. Dynastie. Zwar war es auch bei anderen Pharaonen gang und gäbe die Namen ihrer Vorgänger aus den Inschriften der von ihnen geschaffenen Gebäude oder Skulpturen auszulöschen und den eigenen Namen einzusetzen – Ramses II. war der unbestrittene Meister in dieser Disziplin. Auch Echnaton selbst hat an vielen Gebäuden den Namen seines Vaters tilgen lassen. Nur, so radikal, dass nirgendwo Spuren dieser Zeit zu entdecken waren, die immerhin fast 30 Jahre andauerte, das bleibt ohne Vergleich. »Der Frevler« Echnaton (▶ 11), der Mann, der alle alten Werte auf den Kopf gestellt und die trostreichen Götter und

Göttinnen abgeschafft hatte, und seine ganze Familie wurden aus den Annalen getilgt.

Wie bedeutend Amarna bzw. Achet-Aton war, hat sich erst in den folgenden Jahrzehnten geklärt. Aufmerksamkeit hat vor allem der Ägyptologe Karl Richard Lepsius für den Ort erregt, nachdem er 1843 drei Tage und im Jahre 1845 sieben Tage lang in Amarna weilte. Er ließ Zeichnungen, Papierabklatsche und Gipsabgüsse anfertigen und erkannte schließlich als erster die Bedeutung Echnatons.

Es war aber einem anderen Deutschen, dem Ägyptologen Ludwig Borchardt, bestimmt, die Schönheit und Bedeutung der Frau Echnatons, der Königin Nofretete, zu entdecken. Am 6. Dezember 1912 fand er hier, im Haus P. 47.1-3, genauer in 2, in der Werkstatt des Bildhauers Thutmosis, die inzwischen weltberühmte Büste der Nofretete. Ludwig Borchardt (▶ 12), geboren 1863 in Berlin, stammte aus einer wohlhabenden jüdischen Kaufmannsfamilie. Nach dem Abitur studierte

10 *Die Darstellung von Echnaton und Nofretete im Grab von Meryra I. wurde bereits 1824 von dem Engländer Sir John Gardner Wilkinson entdeckt.*

er Architektur und Ägyptologie. Anschließend sammelte er erste praktische Erfahrungen mit historischen Objekten in der Ägyptischen Abteilung der Berliner Museen. 1895/96 nahm er zum ersten Mal an Ausgrabungen auf der Nilinsel Philae teil. Hier entdeckte er sein archäologisches Hauptinteresse: die Feldforschung. Inzwischen forderte in Deutschland die Akademie der Wissenschaften eine konsequente und kontinuierliche Beteiligung deutscher Wissenschaftler an den Ausgrabungen in Ägypten. Dafür fehlte bislang jede politische bzw. diplomatische und finanzielle Unterstützung, während Frankreich und England schon teilweise seit 15 Jahren durch bestens ausgestattete Institute und Forschungsgesellschaften in Ägypten vertreten waren. Solch ein Appell fand natürlich offene Ohren, denn Kaiser Wilhelm II. hatte immer wieder deutlich gemacht, dass er den von den anderen großen europäischen Mächten – vor allem England und Frankreich – als Kolonialherren gemachten Vorsprung

unbedingt einholen wollte. Beide Staaten glänzten durch Museen mit außergewöhnlich gut erhaltenen Fundobjekten. Der Louvre in Paris und das British Museum in London wurden zum Ausdruck von Macht und Bedeutung dieser Nationen. Jetzt sollten die Berliner Museen nachziehen: Wilhelm II. wollte, dass auch in Deutschland einmalige historische Objekte präsentiert würden. Patriotismus und Konkurrenzkampf, Geltungswille kombiniert mit wissenschaftlichem Ehrgeiz und Entdeckerleidenschaft wurden in dieser Zeit zu einer ungeheuren Antriebskraft. 1899 richtete man schließlich die Stelle eines wissenschaftlichen Attachés beim Kaiserlichen Generalkonsulat in Kairo ein. Der Auftrag lautete: der Berliner Akademie der Wissenschaften war über alle für die Ägyptologie wichtigen Ereignisse und Vorkommnisse Bericht zu erstatten. Ludwig Borchardt erhielt die Position, die 1907 sogar in eine Direktorenstelle am neu gegründeten »Kaiserlich Deutschen Institut für Ägyptische Altumskunde« umgewandelt wurde.

Borchardt war zu der Zeit in Kairo bereits ziemlich bekannt: Seit 1895 war er als Ankaufsvermittler für Berlin tätig unter anderem für die Berliner Museen und hatte für den ägyptischen »service des antiquités« die Bestände des Ägyptischen Museums, damals noch in Gizeh, katalogisiert. Er verfügte also über exzellente Kontakte und Verbindungen aller Art. Von 1898 an hatte er im Pyramidenbezirk bei Abusir – zwischen Gizeh und Sakara gelegen – Ausgrabungen geleitet (Gräber aus dem Alten Reich und z.B. ein Sonnenheiligtum des Pharaos Ne-User-Re), dabei einen wertvollen Papyrus entdeckt und vor allem 1907 gut erhaltene Teile des Tempels von Sahure, Architrave, Säulen und Reliefs gefunden. Es gelang ihm, große Teile davon bei der Fundteilung für die Ägyptische Abteilung

11 *Auch dieser Kopf des Königs Echnaton wurde in der Werkstatt gefunden. Er befindet sich wie die berühmte Büste seiner Königin in der Ägyptischen Sammlung in Berlin.*

12 *Dem in der Mitte stehenden Ludwig Borchardt war es vergönnt, die berühmte Büste der Nofretete zu finden*

hatte es vom Hausierer und Händler von Leinen und anderen Textilien bis zum erfolgreichen Betreiber eines Textilgeschäftes gebracht. 1838 war die Familie von Pommern nach Berlin gekommen. Hier wurde Henri James Simon am 17. September 1851 geboren. Die Familie besaß bald eine elegante, repräsentative Villa im Tiergarten. Der Sohn ging auf das Elitegymnasium zum Grauen Kloster. Nach dem Abitur hätte er gern Alte Sprachen oder Geschichte studiert. Er musste jedoch, entsprechend den Plänen seines Vaters, ins Familienunternehmen eintreten, in die Wollgroßhandlung von Vater Isaak und Onkel Louis Simon. Nach dem Tod seines Vaters 1890 wurde er neben seinem Onkel Hauptgesellschafter in der Baumwollgroßhandlung »Gebrüder Simon« und gehörte bald zu den bestverdienenden Männern der Hauptstadt. 1911 war er mit zwei Millionen Goldmark die Nummer sechs auf der Berliner Einkommensskala, die von Kaiser Wilhelm II. mit 22 Millionen angeführt wurde. Die Firma wurde zu einem der führenden Textilunternehmen in Deutschland und erzielte um die Jahrhundertwende über 40 Millionen Mark Umsatz pro Jahr. Vor dem Ersten Weltkrieg kaufte und verarbeitete sie jährlich 40 Millionen Meter ungefärbte Baumwolle, die man im Scherz »Äquator-Bestellung« nannte.

der Berliner Museen zugesprochen zu bekommen. Vor allem eine Person unterstützte Borchardt bei diesen ehrgeizigen Unternehmungen: der Berliner James Simon, Kleiderfabrikant und einer der reichsten und einflussreichsten Mäzene Deutschlands.

James Simon stammte aus einer jüdischen Kaufmannsfamilie. Der Großvater

Das, was er im Beruf nicht konnte – die Beschäftigung mit Kunst, Geschichte, alten Hochkulturen – betrieb James Simon in seiner Freizeit. Aber nicht einfach als Kunstliebhaber, sondern mit stetig wachsendem Engagement als Sammler. Dabei wurde er von Wilhelm von Bode,

13 *James Simon, der Gründer der Deutschen Orient-Gesellschaft, finanzierte die Grabungen in El-Amarna aus privaten Mitteln. Im Gegenzug sollte der deutsche Anteil der Funde sein Privateigentum sein.*

dem Direktor der Berliner Skulpturensammlung und Gemäldegalerie, beraten. Im Gegenzug überließ Simon ihm zu besonderen Anlässen immer wieder Teile seiner Privatsammlung für das Museum. Er mag auch von seinem Onkel Isaak beeinflusst gewesen sein, der 1888 bereits 30 000 Mark für den Erwerb von Teilen des sensationellen Fundes von Tontafeln aus dem Archiv von Amarna zur Verfügung gestellt hatte. Hier erfuhr man zum ersten Mal etwas über die bis dahin unbekannten Handels- und politischen Beziehungen zwischen Ägypten und anderen großen Reichen dieser Zeit, unter anderem den Hethitern.

Am 24. Januar 1898 gründete Simon die Deutsche Orient-Gesellschaft (DOG) – ein weiterer Beweis seines großen Engagements für die Kultur der preußischen Hauptstadt. 1911 übernahm er die Verantwortung und aus eigenen Mitteln die vollständige Finanzierung der großen Ausgrabungskampagne in Tell El-Amarna, um die DOG von Schenkungssteuern zu befreien. Die Grabungserlaubnis des ägyptischen Antikendienstes vom 29. August 1911 bestätigt dies. Ein zwischen Simon und der DOG geschlossener Vertrag legte folgende Regelung fest: Simon verpflichtete sich zur jährlichen Zahlung von 30 000 Mark für die Grabungen – dafür wurde der deutsche Anteil der dabei geborgenen Funde sein Privateigentum. Die Ausführung der Grabungen übernahm die DOG.

Die erste Grabungskampagne im Winter 1911/1912 verlief schon sehr erfolgreich. Borchardt, der regelmäßig Kopien aus seinem Grabungstagebuch oder Wochenberichte nach Berlin schickte, ermahnte Simon und die DOG, sich nicht zu laut und zu euphorisch über die Funde zu äußern, »um uns spätere Teilungen nicht zu verderben«. (Borchardt an Simon 24. Januar 1912). Zu den spektakulärsten Funden gehörten u.a. Portraitbüsten der Familie Echnatons, unglaublich realistisch wirkende Skulpturen, die alles bisher Bekannte übertrafen, wie Borchardt in einem Brief an Simon schrieb. Hierzu gehörte zum Beispiel der zunächst als Portrait des Echnaton angesehene Kopf (heute identifiziert als Tutanchamun), der gegenüber den bis dahin bekannten überlieferten Formen einen völlig neuen Stil zeigte: ein Portrait harmonisch, fast sympathisch mit ausgewogenen Zügen. Ihn nahm der Ko-Direktor der Ägyptischen Abteilung Berlin, Heinrich Schäfer, nach der Fundteilung persönlich mit nach Deutschland, die anderen Funde schickte Borchardt in

14 *Das Grabungstagebuch Ludwig Borchardts zeigt am Findungstag eine erste Zeichnung der Nofretete-Büste.*

zwei Postpaketen in die Hauptstadt. In einem Brief versprach er dem entzückten Partner in Berlin: »Also im nächsten Bildhaueratelier liegen bessere. Das war nur das vom alten Begas, nachher kommt Gaul«. (Borchardt an Hans Gustav Güterbock 14. April 1912). August Gaul, zur Erklärung, war ein Schüler des (klassischen) Bildhauers Reinhold Begas und gilt mit seinen herausragenden Tierskulpturen als Begründer der Tierplastik.

Vielleicht war es auch die besondere Gründlichkeit, mit der Borchardt vorging, die für das Finderglück die Grundlage bildete. Zunächst hatte er einen Übersichtsplan der ganzen Stadt angelegt und sie mit einer Reihe von Suchschnitten überzogen – so wie er das in der archäologischen Feldforschung gelernt hatte. Er begann im Ostteil der Stadt, erschloss dann die so genannte Oberpriesterstraße und legte insgesamt 80 Häuser bzw. deren Fundamente frei. Eins davon, in der südlichen Vorstadt, war das Atelier »des Vorstehers der Bildhauer«, des Bildhauers Thutmosis. Zwei Wohnhäuser und zahlreiche Werkstätten, die seiner Leitung unterstanden, lagen auf seinem Grundstück. Insgesamt 26 Gipsköpfe fand Borchardt in diesem Komplex. Der Höhepunkt aber war natürlich am Freitag, dem 6. Dezember 1912 der Fund der Nofretete, der »bunten Königin« wie sie damals genannt wurde. In seinem Grabungstagebuch hat Ludwig Borchardt diesen Tag so festgehalten:

»Als ich am 6. Dezember 1912 bald nach der Mittagspause durch einen Zettel des gerade Aufsicht führenden Professor Ranke eiligst nach Haus P 47,2 ... gerufen worden war, fand ich schon in dem Raum 19 ... dicht hinter der Tür ... bereits die soeben zum Vorschein gekommenen Bruchstücke einer lebensgroßen Büste Amenophis' IV vor. Gleich darauf, in nächster Nähe, etwas weiter in Raum 19 hinein, gefundene, äußerst zierliche und leicht verletzbare Stücke ließen es angezeigt erscheinen, sogleich einen der umsichtigsten Arbeiter, unseren ersten Vorarbeiter, Mohammed Ahmed es-Senussi, hier allein arbeiten zu lassen und aus nächster Nähe anzuweisen, gleichzeitig aber einen der jüngeren Herren mit der schriftlichen Aufnahme des Fortgangs der Arbeit zu beauftragen. Indem wir uns durch den nur etwa 1,10 m hoch liegenden Schutt allmählich gegen die Ostwand von Raum 19 vorarbeiteten, kamen weitere Stücke von hohem Kunstwert hinzu, die hier nicht einzeln erwähnt zu werden brauchen. Dann wurde wenig vor der Ostwand – 0,20 m davon, 0,35 m von der Nordwand – etwa in Kniehöhe zuerst ein fleischfarbener Nacken mit aufgemalten Rändern bloß. ›Lebensgroße bunte Büste der Königin‹ wurde angesagt und niedergeschrieben, die Hacke beiseite gelegt und mit den Händen behutsam weitergearbeitet. Die nächsten Minuten bestätigten das Angesagte, über dem Nacken kam der untere Teil der Büste, unter ihm die Hinterseite der Königinnenperücke zum Vorschein. Bis das neue Stück ganz vom Schutte befreit war, dauerte es allerdings noch einige Zeit, da zuerst ein nördlich dicht anliegender Porträtkopf des Königs vorsichtig geborgen werden musste. Dann wurde die bunte Büste erst herausgehoben und wir hatten das lebensvollste ägyptische Kunstwerk in Händen. Es war fast vollständig, nur die Ohren waren bestoßen und im linken Auge fehlte die Einlage. Der Schutt, auch der schon fast hinausgeschaffte, wurde sogleich durchsucht, zum Teil gesiebt. Es fanden sich später noch einige Bruchstücke der Ohren, die Augeneinlage nicht. Erst viel später sah ich, dass sie nie vorhanden gewesen ist.«

Die Funde an dem Tag waren offenbar so zahlreich, dass sie – gut bewacht – die

Borchardt – war offenbar nicht sehr groß, dass es gelingen würde, die »bunte Königin«, die faszinierend schöne Büste der Nofretete bei der Fundteilung für Berlin zugesprochen zu bekommen. Am 19. Januar, am Abend vor der Teilung, war die Stimmung sogar sehr gedrückt und traurig, geradezu hoffnungslos. Güterbock, der mit seiner Frau zufällig zu diesem Zeitpunkt in Amarna weilte, notierte (an Roeder, 12. August 1925): »Jeder (ist) mit einer Kerze in der Hand in das Magazin wallfahrten (gegangen), um, wie wir nicht anders erwarteten, Abschied von der ›bunten Königin‹ zu nehmen.«

Auch in Berlin war die Stimmung nicht besser. Der Berliner Unternehmer Simon, der bis zu 36 000 Mark zusätzlich als Ankaufsumme für die Büste zur Verfügung gestellt hatte, schrieb noch am 26. Januar 1913 an Güterbock, dass er sich »nicht die geringsten Hoffnungen mache, dass wir den Fund zusammenhalten können, etwas haben die Franzosen doch jedes Mal genommen, und sie wissen auch was ein 1A-Stück heute wert ist, also ich glaube nicht, dass wir selbst mit 36 Mille alles erhalten.«

Und dann geschah das Überraschende. Einen Tag nach der rührenden Abschiedszeremonie wird die »bunte Königin« den Deutschen zugesprochen. Der Franzose Gaston Maspero hatte seinen Mitarbeiter Gustave Lefebvre (▶ 16), Inspektor des ägyptischen Antikendienstes für Mittelägypten mit Dienstsitz in Asjut, nach Amarna zur Regelung der Fundteilung geschickt. Lefebvre wählte aus den beiden Hälften diejenige aus, in der sich auch ein farbiger Altar befand – Maspero hatte sich so ein Objekt lange für das Kairoer Museum gewünscht, wie Borchardt wusste – und nicht den Teil mit der Büste. Die beiden Hälften hatte Borchardt zusammengestellt – das war das Vorrecht des Ausgräbers und bis 1914

erste Nacht in einem Zelt verbrachten, auch Nofretete. Zahlreiche Fotos wurden gemacht: Das bekannteste (▶ 15) zeigt die noch stark verschmutzte Büste der Königin, in den Händen eines Ägypters, wahrscheinlich des ersten Vorarbeiters Mohammed Ahmed es-Sanussi. Ihm gegenüber Hermann Ranke und dahinter offenbar noch andere deutsche Betrachter. Nach Aufzeichnungen der Grabung befanden sich zu dieser Zeit hochwohlgeborene Besucher in Tell-el-Amarna: Ihre Königlichen Hoheiten Prinz und Prinzessin Johann Georg von Sachsen und Ihre Königliche Hoheit Mathilde von Sachsen, die ihre Nilreise mit einem zweitägigen Besuch bei den Ausgrabungen beenden wollten und so zufällig Zeugen einer Sensation wurden. Veröffentlichungen in jüngerer Zeit behaupten, die ganze Ausgrabung sei für diese Gäste inszeniert worden. Die Wissenschaft hält dies für eine haltlose Annahme.

Der Optimismus bei den Ausgräbern – so die authentischen Aufzeichnungen von

15 *Das berühmteste Foto von der Auffindung: Die noch stark verschmutzte Büste in den Händen des Vorarbeiters Mohammed Ahmed es-Sanussis.*

gängige Praxis. Was genau an diesem Tag passiert ist, bleibt trotz zahlreicher Gerüchte bis heute ein Geheimnis. War die Büste unkenntlich gemacht oder so stark verschmutzt oder verändert, dass man ihren Wert nicht erkennen konnte? War Lefebvre gleichgültig oder so inkompetent, dass er den Wert nicht erkannt hat? Oder war er einfach nur großzügig?

In den Unterlagen der Untersuchungen, die in Kairo unter dem neuen Direktor durchgeführt wurden, nachdem die Büste zum ersten Mal öffentlich in Berlin gezeigt worden ist, heißt es:

»J'ai naturellement examiné de près toutes les circonstances (du partage). M. Lefebvre, homme d'une conscience et d'une competence indiscutables, sans se souvenir avec précision, pense que la tête a du lui ètre montrée et ce qu'il s'est trompé sur sa valeur vraie. Avec une entière loyauté, il declare donc que son procès-verbal doît faire foi. Comme il nous representait valablement, sa signature nous engage et notre Service est desarmé legalement.« (»Natürlich habe ich sehr genau die Umstände (der Fundteilung) geprüft. Herr Lefebvre, der ohne Zweifel ein großes Wissen und eine hohe Kompetenz hat, meint – ohne sich allerdings ganz genau erinnern zu können –, dass ihm der Kopf gezeigt worden ist, und dass er sich wohl über dessen Wert getäuscht hat. Mit großer Loyalität äußert er daher, dass sein Besprechungsprotokoll Gesetzeskraft haben muss. Da er uns in vollem Umfang repräsentiert hat, ist seine Unterschrift für uns bindend und unsere Einrichtung hat keine legalen Mittel, um dagegen vorzugehen.«)

Es kann auch sein, dass Borchardt Lefebvre zugunsten einer geschlossenen Fundauswertung davon überzeugen konnte, dass die Funde aus der Werkstatt nicht geteilt werden sollten, da eine genaue wissenschaftliche Untersuchung, eine kunstgeschichtliche und archäologische Analyse

nur sinnvoll und wissenschaftlich korrekt durchgeführt werden könne, wenn der Fundteil zusammen bleiben würde, wie der Ägyptologe Rolf Krauss vermutet. Oder wie Dietrich Wildung meint, dass Ägyptologen zu dieser Zeit eher Texten als Büsten einen höheren wissenschaftlichen Stellenwert einräumten.

Dabei ist die Rolle von Borchardt natürlich nie zu unterschätzen, wie eine zeitgenössische Reaktion des englischen Archäologen Anthes zeigt, der Borchardt zwar kannte, aber bei den Ereignissen nicht persönlich zugegen war. Rückblickend schrieb er am 30. November 1965 in einem Brief an den Ägyptologen Bernard V. Bothmer:

»To my knowledge, Borchardt divided the lot in such a way that the finds of the room of Thutmose, meaning all the plaster heads including N., regarded on the one side, and on the other side was headed by the colored Altarbild now in Cairo. How he lured the representant of

16 *Gustave Lefebvre, Inspektor des ägyptischen Antikendienstes, sprach die »bunte Königin« Nofretete bei der Fundteilung den deutschen Ausgräbern zu.*

Das also war die Situation als im August 1914 Pierre Lacau neuer Direktor der ägyptischen Antikensammlung wurde. Eine seiner ersten Amtshandlungen bestand in einer Verschärfung der ägyptischen Gesetzgebung hinsichtlich der archäologischen Funde: »Einzigartige Stücke sollten fürderhin bei jeder Fundteilung Ägypten zugesprochen werden.«

In Berlin stand die Büste Nofretetes zuerst lange Zeit in der Villa von James Simon. Dort hat sie auch der Kaiser mehrfach besucht und zeigte sich begeistert. Borchardt bestand aber weiter hartnäckig darauf, dass sie vor der Öffentlichkeit verborgen bleiben sollte. Knapp 13 Jahre gelang es ihm noch, sie versteckt zu halten.

Eine mögliche Erklärung, warum die Büste so lange unveröffentlicht blieb, gibt die Stiftung Preußischer Kulturbesitz in einem Schreiben vom 8. Februar 2005:

»Dies war wohl dadurch motiviert, dass zeitgleich in Ägypten eine gewisse Verstimmung entstanden war, weil eine amerikanische Grabungsexpedition durch die Altertümerverwaltung, entsprechend der eher großzügigen Praxis von Gaston Maspero, ein besonders wertvolles Stück zugesprochen worden war. Hierauf hatte die britische Regierung (Ägypten war damals britische Kolonie) die Altertümerverwaltung angewiesen, bei der Teilung mit größerer Strenge zu verfahren. Mit Rücksicht auf die Reaktion der britischen Behörden und um zukünftige Grabungen nicht noch mehr zu erschweren, wollte Professor Borchardt die Büste nicht sofort publizieren.«

Erst 1924 war Nofretete dann zum ersten Mal in einer Ausstellung zu sehen, im Neuen Museum Berlin. Die Rückgabeforderungen aus Ägypten haben mit diesem Datum begonnen.

the Department of Antiquites into choosing the wrong heap, who can tell now? (I remember I read the ›Teilungsliste‹, in which the bust was listed): he could be a fox, after all, when it was called for it.«

Und Borchardt schreibt über Lefebvre in einem Schriftsatz am 25. September 1918:

»Das dieses Ergebnis zustande kam, lag daran, dass dem Vertreter des Kairoer Museums, M. Lefebvre, die ihm telegrafisch zugegangene Anweisung a moitié éxacte zu teilen, wie er mir selbst sagte, zu scharf erschien, auch hat wohl seine geringere Fähigkeit in der Beurteilung von Kunstwerken – er ist von Hause aus Inschriften- und Papyrusforscher – ihn den Wert des betreffenden Stückes nicht recht erkennen lassen, und endlich hat wohl auch meine Geschicklichkeit bei der Verhandlung seine überwogen.«

Ob jemals geklärt werden kann, was damals wirklich genau passiert ist? Das Borchardt-Archiv jedenfalls ist bis heute nicht vollständig ausgewertet und auch nicht jedermann zugänglich. Rein juristisch, darüber gibt es keine Zweifel, ist die Sache allerdings eindeutig und alles damals mit rechten Dingen zugegangen.

17 *In Berlin stand die Büste der Nofretete anfangs in der Villa des Unternehmers und Mäzens James Simon, der die Ausgrabungen in El-Amarna aus eigener Tasche finanziert hatte.*

M an fährt lange von El Minya, rund 230 Kilometer südlich von Kairo, auf einer für europäische Verhältnisse schmalen Straße nach Süden, rechts Felder, links der Nilkanal. Ab Mallawi bietet sich dem Betrachter immer wieder der Anblick dörflichen Lebens in Momentaufnahme: Frauen die Geschirr auf den Köpfen tragen und es immer noch im Kanal waschen, obwohl die Regierung ständig darauf hinweist, wie ungesund das ist. Kinder, die auf Eseln reiten, manchmal vier gleichzeitig. Männer mit farbenprächtigen Gemüsewagen. Und immer wieder sieht man in kurzen Abständen kleine Zementhäuschen auf tragenden Stützen, der Straßenseite zugewandt, die an überdimensionierte Taubenschläge erinnern. Man erklärt uns, dass es sich um Un-

18, 19 *Das moderne Leben am Nil wirkt, als habe es sich seit 3000 Jahren kaum verändert. Noch heute waschen die Bewohner ihr Geschirr in dem Fluss.*

terstände für Polizeiposten handelt, da Mittelägypten zu den am stärksten überwachten und kontrollierten Gebieten des Landes gehört. Seit dem blutigen Attentat 1997 am Hatschepsut-Tempel und dem nachfolgenden Einbruch des Tourismus in Ägypten will man kein Risiko mehr eingehen. Immer wieder Kontrollen, die Hotels werden bewacht wie die Sicherheitsbereiche an internationalen Flughäfen. Wenn man sie für einen Spaziergang verlässt, folgt ein unauffällig in Zivil gekleideter Sicherheitsbeamter, jedes Ausflugsziel muss vorher mitgeteilt werden und wird in der Polizeizentrale registriert.

Nach anderthalb Stunden biegen wir auf eine lehmige Straße nach links ab, überqueren eine unter hoch beladenen Lattenwagen und klapprigen Autos schwankende Brücke. Jetzt sind wir im fruchtbarsten Teil entlang unserer Fahrtroute angelangt, dem Gebiet zwischen Kanal und Nil. Die Berge im Osten wirken wie ein Treibhaus. Nur ein schmaler, fruchtbarer Streifen zieht sich zwischen dem seit jeher Leben spendenden Nil und der Wüste entlang, aber hier haben die Felder ein Grün, das in die Augen sticht. Überall wird geerntet: Kartoffeln, riesige Blumenkohlköpfe, Mais, Artischocken. Und immer läuft irgendwo der Motor einer kleinen Bewässerungspumpe. Faszinierend die kleinen Nebenkanäle zwischen den Feldern, in denen sich Vögel tummeln, darüber einzelne, schlanke Palmen, die Kronen leicht im Wind bewegt vor einem strahlend blauen Himmel.

Dann führt die Straße scharf im rechten Winkel über einen zweiten, kleinen Kanal.

Ein Schafhirte kommt uns mit seiner Herde entgegen, gekleidet in einer langen taubenblauen Kalabeja. Frauen, auch sie in langen, weiten Gewändern, tragen

Bündel von Grünzeug auf den Köpfen. Ihre Kleidung ist bunt, die Gesten lebhaft, die Gesichter heiter.

Hier, drei Kilometer vor dem Ortseingang, sitzen sie immer, die alten Männer und die Jungen von El-Amarna. An dem Rinnsal hinter ihnen Kühe und Ziegen, gelassen waten sie im Schlamm des Wassers. Manchmal bekommen sie Gras vors

Maul gelegt, zwischendurch wird auf den dicht bewachsenen Feldern Zuckerrohr geerntet. Es ist, als ob hier die Zeit stehen geblieben wäre.

So ähnlich muss es auch vor über 3000 Jahren gewesen sein. Ein fruchtbares, schmales Stück Land, Wüste auf der einen, ein karges, raues Gebirge auf der anderen Seite. Entlang des Nil: Tamariske, ägyptische Weide, Maulbeerfeige, Dattelpalmen, Nilakazie und Dumpalme. Früher hat das sommerliche Hochwasser fruchtbare Schlammablagerungen gebracht, im Winter hatte der Fluss Niedrigwasser. Natürliche Düngung also, aber auch Probleme mit Zerstörung, Krankheiten wie Bilharziose oder die ägyptische Augenkrankheit Trachom. Auch Hungersnöten traten auf.

20 *Nur ein schmaler Fruchtlandstreifen befindet sich zwischen dem Nil und den Bergen: die Ebene von Achet-Aton.*

Wenn die Ernte gut war, gab es Flachs, Oliven (seit der Zeit des Neuen Reiches), Weintrauben, Feigen und Gurken, Granatäpfel, Hülsenfrüchte, Knoblauch, Zwiebeln und vieles mehr. Ein Paradies. Der Honig floss fast von allein, über 30 Fischarten lebten im Nil. Gänse, Enten, Tauben, Schafe, Rinder und Ziegen gehörten zum Hausstand. Zahllose Vögel sangen in Büschen und Bäumen, Antilopen und Gazellen, Strauße und Löwen, Nilpferde und Krokodile vollendeten das Bild.

Wie mit einem Messer oder Lineal gezogen endet dieser fruchtbare Streifen und daneben, übergangslos, schockierend für den europäischen Besucher, erstreckt sich die Wüstenlandschaft. Tagsüber ist es extrem heiß – vor allem im Sommer – nachts sehr kalt. Die Unterschiede gegensätzlicher als an anderen Orten des Landes. Im Winter muss man dazu noch mit gelegentlichen Sandstürmen

rechnen. Kein lebensfreundlicher Ort. Dazu über das ganze Jahr raue Winde, fast immer aus Norden, und auf Grund klimatischer Veränderungen weniger Niederschlag als zur Blütezeit des Alten Reiches im dritten Jahrtausend v. Chr. Für eine Besiedlung mussten tiefe Brunnen ausgehoben werden. Ungeheure Mengen von Baumaterial wurden benötigt: vor allem Nilschlamm für Lehmziegel, aber auch Kalk- und Sandstein und Alabaster, der in großen Vorkommen in den Bergen gewonnen wurde.

Erstaunlich, dass Echnaton 1350 v. Chr. gerade hier seine neue Stadt Achet-Aton gründete. Zu seiner Zeit war hier reine Naturlandschaft, von Menschen unberührt. Das war für ihn offenbar ausschlaggebend. Eine neue Stadt für seinen neuen Gott sollte an einem Ort gegründet und erbaut werden, an dem noch keinem anderen Gott geopfert oder Vereh-

21 *Mit der Fähre unterwegs nach El-Amarna*

rung entgegengebracht wurde. Geschützt war ihre Lage durch die hohen Berge im Osten, die hier halbmondförmig zurückwichen und einer Wüstenebene von elf Kilometer Länge und bis zu fünf Kilometer Breite Raum ließen.

Vielleicht spielte auch noch eine andere Überlegung eine Rolle: Achet-Aton würde von den alten Reichshauptorten Memphis und Theben fast gleich weit entfernt liegen – rund 400 Kilometer.

Dennoch: Viele andere Stellen scheinen auf den ersten Blick genauso geeignet. Wieso also gerade exakt hier? Vielleicht war es kein Zufall, dass nur wenige Kilometer entfernt auf dem Westufer die Tempel Chemenus liegen, in denen die so genannten Urgötter verehrt wurden, etliche Kilometer südöstlich des antiken Hermopolis Magna, dem heutigen Ashmunein.

Der wichtigste Grund lag aber wohl in den topographischen Gegebenheiten des Platzes: Hier sieht man eine große Einkerbung in dem Gebirge (▶ 22), die einem gewaltigen »U« ähnelt. Wenn Echnaton morgens bei Sonnenaufgang exakt an dieser Stelle stand, dann konnte er die kreisrunde Sonne genau über oder in diesem Gebirgseinschnitt sehen. Solch ein U-ähnliches Zeichen und der

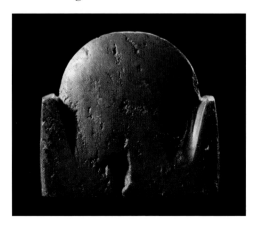

23 *Die Hieroglyphe »Achet« (Horizont) ist Bestandteil des Namens der neuen Hauptstadt »Achet-Aton« = Horizont des Gottes Aton.*

22 *Die Einkerbung im Gebirge bei Tell El-Amarna erinnert bei Sonnenaufgang an die Hieroglyphe »Achet« (Horizont) (o.).*

Sonnenkreis zusammen bilden die Hieroglyphe »Achet-Aton« und seiner Stadt (▶ 23). Das Zeichen eines neuen alleinigen Sonnengottes. Ein überwältigendes und symbolhaft aufgeladenes Erlebnis für Echnaton.

Was aber war der Grund, dass er eine neue Residenz und ein Kultzentrum gründete? Sicher zunächst, um seinem neuen Gott, unabhängig und weit entfernt von der Priesterschaft des (allzu) mächtig gewordenen Gottes Amun von Karnak, einen eigenen Platz zu geben. Ungestört von Machtkämpfen, ganz der Verehrung des Sonnengottes gewidmet. Nach weiterführenden Deutungen – zum Beispiel von Nicholas Reeves – ging es ihm auch darum, seiner eigenen uneingeschränkten Selbstvergötterung einen Raum zu schaffen, totalitär, ohne Einflüsse von außen.

Zudem gibt es eine Reihe von Hinweisen darauf, dass zur Zeit seines Regierungsantritts bzw. auch schon zum Ende der Regierungszeit seines Vaters, das ägyptische Reich von schweren Krankheiten, evtl. sogar von einer Seuche heimgesucht wurde. Nachgewiesen ist, dass im Hethiterreich im späten 14. Jh. v. Chr. mindestens zwanzig Jahre lang die Pest gewütet hat. Fieber und hochinfektiöse Reaktionen sind die typischen Krankheitssymptome, die meist einen tödlichen Verlauf nehmen. Hunderte fielen ihr zum Opfer. In den zu dieser Zeit entstandenen Pestgebeten (Mursilis) finden sich Hinweise auf die Herkunft dieser Seuche: Sie stellen einen Zusammenhang mit der Einnahme ägyptischen Territoriums in Syrien her. Die dabei festgenommenen ägyptischen Kriegsgefangenen sollen die Krankheit als Epidemie eingeschleppt haben. Im Hethiterreich veränderte sich das religiöse Verhalten als Reaktion auf die Seuche.

24 *Amenophis III., der Vater Echnatons, ließ zahlreiche Statuen der löwenköpfigen Göttin Sechmet im Tempelbezirk von Karnak aufstellen. Vermutlich sollten sie die als Heilerin von todbringenden Krankheiten verehrte Göttin besänftigen und die Einwohner vor der Pest schützen.*

Ähnlich sah die Reaktion in Ägypten aus. Dafür spricht allein schon die Tatsache, dass Amenophis III. in Theben eine riesige Anlage für die katzenköpfige Göttin Sechmet bauen ließ, mit über 700 Statuen (▸ 24) dieser Gottheit, die als Verursacherin (und zugleich Heilerin) von tödlichen Krankheiten und Epidemien galt. Heute stehen die noch in Ägypten verbliebenen Statuen im südlich der Tempelanlage gelegenen Mut-Tempel. Ihr Wohlwollen und ihr Schutz sollten erfleht werden. Aber offenbar nicht sehr erfolgreich: In der Nähe einer Residenz von Amenophis III. am Rand des Fajum haben Archäologen auf diese Zeit datierbare Pestgräber entdeckt.

All das könnte ein Grund für Echnaton gewesen sein, das möglicherweise bereits infizierte Gebiet von Theben zu verlassen und mit seinem Volk in ein Gebiet zu ziehen, das zunächst einmal Schutz vor Ansteckung zu bieten schien. Vielleicht war die Epidemie aber auch ein Grund, sich völlig dem einzigen, neuen Gott anzuvertrauen, eine weitgehend monotheistische Religion zu gründen, eben unter dem Eindruck, dass die bisherigen Götter in dieser Situation keine Hilfe boten. Erste Überlegungen in dieser Richtung stammten von dem österreichischen Ägyptologen Hans Goedicke. Aufgegriffen hat sie in jüngster Zeit Dr. Andrea Maria Gnirs von der Universität Basel, die speziell die Erkrankungen durch Seuchen zu dieser Zeit und in dieser Gegend untersucht.

Die Vorbereitungen für den Bau der Stadt wurden mit der Errichtung der ersten drei Grenzstelen (▸ 25) auf den 13. (andere 4.) IV. der prt (peret) Jahreszeit – die Jahreszeit der Aussaat – in das 5. Regierungsjahr datiert. Es waren später insgesamt 14, in die Kalksteinfelsen gehauene riesige Texttafeln. Durch diese 14 Stelen wurden die Grenzen für Echnatons neue Gottesstadt markiert.

Nach Ansicht des amerikanischen Astronomen Ronald A. Wells, der die Orientierung ägyptischer Tempel erforscht hat, wurde das Gründungsdatum so gewählt, dass genau an diesem Tag, es müsste der 20. Februar gewesen sein (nach unserer

25 *Im 5. Regierungsjahr des Echnaton wurden die ersten Grenzstelen errichtet, die die Ausmaße der neuen Hauptstadt markierten. Die hier gezeigte enthält eine Abbildung Nofretetes.*

Zeitrechnung im gregorianischen Kalender bzw. der 4. März im julianischen
Kalender), die Sonne fast exakt in einer
Achse zum Haupttempel Atons in Achet-
Aton und dem Ort in einem angrenzen-
den Wüstental stand, wo das Königsgrab
geplant war. Ein Ort, von Aton selbst
ausgewählt, so verkündet es der Text von
Echnaton auf den Grenzstelen.

»Man schlug den schönen Weg nach
Achet-Aton ein,/dem Platz der Schöpfung, den er (der König) ihm (dem Gott)/
bereitet hat,/dass er tagtäglich in ihm
ruhe./Sein Sohn, der Einzige des Re, hat

ihm das große Denkmal gemacht,/denn
er hat ihm den Achet-Aton gegründet,/
hat so getan, wie er es ihm befahl, dass es
geschehen solle./Der Himmel freut sich,
die Erde jauchzt/und jedes Herz ist ihm
heiter, da sie ihn schauen./«

»Da sagte seine Majestät zu ihnen:/
›Schaut Achet-Aton, von dem Aton wollte,
dass es ihm geschaffen werde/als Denkmal für seinen Namen, für alle Zeit!‹«

Einiges deutete darauf hin, dass schon
bald mit den Bauarbeiten – alles sehr
schnell mit Lehmziegeln, sozusagen in
Fertigbauweise – begonnen wurde, ob-

26 *Die heute als Rekonstruktion wiederhergestellte, weithin sichtbare Säule markiert die Ruine des kleinen
Aton-Tempels von Tell El-Amarna.*

wohl es auch Protest von Seiten der Beamten, als auch offenbar von Nofretete gab:

»Und nicht soll die Königin zu mir sagen: ›sieh doch, es gibt einen schönen Ort für Achet-Aton an einer anderen Stelle‹ ... nicht werde ich sagen: ›ich verlasse Achet-Aton, indem ich anordne, dass ich Achet-Aton an diesem anderen schönen Ort anlege‹.« (Grenzstele)

Auch über das künftige Aussehen der Stadt finden sich schon zur Zeit der Gründung Texte auf den Grenzstelen:

»Den großen Tempel für Aton, und ich baue den kleinen Tempel für Aton, ich baue die Sonnenschatten (-kapelle) für die große königliche Gemahlin, meinem Vater, in Achet-Aton ... einen Jubiläumstempel, Niederlassungen des Pharao.« (Grenzstele)

Schon im nächsten Jahr wohnte man in Mattenzelten. Am gleichen Kalendertag im sechsten Regierungsjahr Echnatons wurden auch die elf anderen Grenzstelen (drei davon am Westufer) gesetzt. Das von allen Stelen umfasste Gelände markierte eine Gesamtfläche von sechzehn auf dreizehn Kilometer und schloss damit ein Gebiet ein, das viel größer als die eigentliche Stadt war. Laut Stelentext gehörten »Berge, Wüsten, Weidegelände, Felder, Wasser, Dörfer, Uferland, Menschen, Rinder, Bäume und alle Dinge, die der Aton wachsen lassen wird« zu diesem Umfeld. Immer wieder findet sich im Text auf den Grenzstelen das Gelöbnis, nicht über diese Begrenzungen hinauszugehen.

Nach verschiedenen Schätzungen konnte auf dieser Gesamtfläche eine Bevölkerung von bis zu 45 000 Menschen leben und ernährt werden.

Heute noch sichtbar und vor Ort am besten zu erkennen sind Reste des Nordpalastes, einige Grundmauern der so genannten nördlichen Vorstadt und eine

27 *Der Nordpalast, wahrscheinlich eine späte Residenz von Nofretete.*

einzelne, weithin sichtbare rekonstruierte Säule. Sie steht auf dem riesigen Gelände, auf dem Echnaton vor über 3000 Jahren den kleineren seiner beiden großen Aton-Tempel erbauen ließ.

Die nördliche Vorstadt mit ihren vor allem von Kaufleuten bewohnten Häusern, die südliche Villensiedlung für einflussreiche Hofbeamte, die Bildhauerateliers und das leicht östlich von der Hauptachse der Stadt gelegene Arbeiterdorf, ein unregelmäßig bebautes Gebiet mit vorwiegend eher kleineren Häusern, sind heute vom Wind verweht oder unter dem Wüstensand verschwunden.

Entlang der breiten Königsstraße weiter nach Süden folgten im Mittelteil – der eine geradezu rastergenau geplante und durchdachte Struktur aufweist – die beiden Paläste des Pharaos und eines weiteren seiner Nachfolger. Die beiden Aton-Tempel folgten – der größere davon ist heute unter den Ausläufern des Ortes El-Amarna und seines Friedhofes verschwunden. Dem schlossen sich die Verwaltungsgebäude an wie das Archiv, in dem die Amarna-Briefe, Keilschrifttontafeln, vor allem diplomatische Korrespondenz mit den Großmächten der damaligen Zeit gefunden wurden. Alle Gebäude, das haben vor allem die sehr differenzierten Untersuchungen von Barry Kemp gezeigt, der seit 1977 in Amarna die Ausgrabungen leitet, sind auf das Königsgrab ausgerichtet. Im Süden des Stadtgebietes lagen die Villen höhergestellter Beamter, u.a. die der Priester Panehesi und Pawah, des Wesir Nacht und des Generals Ramose und, neben anderen Werkstätten, die Villa und das Bildhaueratelier des Thutmosis.

Weniger als 50 Prozent der Südvorstadt sind bis heute ausgegraben. Mit weiteren Überraschungen ist zu rechnen.

Die Grenzstelen sind noch heute gut erhalten. Sie sind nicht nur Ausdruck der Rhetorik Echnatons, wenn man davon ausgeht, dass sie teilweise eine Art Protokoll seiner Reden sind, nicht nur religiöses Bekenntnis zu Aton, nicht nur Protokoll seines Bauplans, sondern auch eine ausdrucksstarke Liebeserklärung an seine Gemahlin Nofretete: »Die Prinzessin, die große im Palast,/die Schöne und strahlende mit den beiden Federn,/die Herrin der Freude, versehen mit Gunst,/man jauchzt, wenn man ihre Stimme hört:/die große königliche Gemahlin, die er liebt,/die Herrin der beiden Länder (NEFERNEFERUATON NOFRETETE);/sie lebe für immer und dauernd.«

»NOFRETETE – DIE SCHÖNE IST GEKOMMEN«
Herkunft, Vorgeschichte, Verwandte

Die frühesten Abbildungen, die man bisher von Nofretete kennt, stammen aus der Zeit von Karnak, als Echnaton in den ersten Jahren seiner Herrschaft noch von Theben aus regierte. Man sieht sie im Profil, ein schmales Gesicht, helle Haut. Fast abgehärmt. Die Stirn flieht nach hinten, die Augen sind sehr schmal, die Ohren groß, die Nase geradezu knubbelig. Keine Schönheit. Eher ein Zerrbild. Heute würde man sagen: eine Karikatur. So soll die hoch verehrte, heiß geliebte Gattin Echnatons, die lobpreiswürdige Geliebte des großen Pharao ausgesehen haben?

Wenn man an ein Porträt denkt – sich vorstellen möchte, wie die junge Nofretete wirklich aussah –, dann stellt man

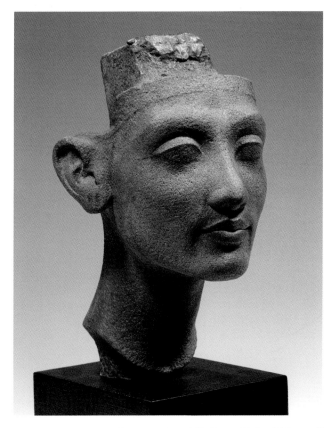

sich – ich jedenfalls – lieber einen der in der Werkstatt des Thutmosis gefundenen Köpfe vor: Nofretete mit dem Pflock. Die Skulptur ist offenbar Teil einer Komposit-Statue, die aus verschiedenen Teilen und Materialien zusammengesetzt war. Diese Verbindung verschiedener Materialien miteinander gilt als typisch für die Amarna-Zeit. Möglicherweise hat auch diese junge Nofretete die blaue Krone getragen. Die Haltung des Kopfes lässt das denkbar erscheinen.

Der Stein ist bräunlich – gelber Quarzit genau gesagt. Nase, Mund und Ohren sind vollständig, die Lippen fein gezeichnet, der Mund, typisch für Nofretete, zu einem feinen Lächeln gekräuselt, in einem leicht ins Orange gehenden Rot. Die Augen sind ohne Pupillen angelegt und fertig in der Form, aber lediglich mit einem schwarzen Kajalstrich eingerahmt. Die Augenbrauen darüber in einem eleganten, flachen Bogen geschwungen. Die Züge wirken ungewöhnlich weich, was an der matten Struktur des Steins liegen kann, aber auch daran, dass die Skulptur noch keine abgeschlossene Oberflächenbehandlung erfahren hat.

Sie wirkt unschuldig, aufgeschlossen, interessiert an der Welt, gleichzeitig aber auch ganz bei sich. Selbstgewiss, dennoch fragil, fast ein wenig verträumt.

Wie so vieles in der Geschichte der Nofretete sind ihre Herkunft und ihr ur-

28 Die so genannte Nofretete mit dem Pflock ist offenbar Teil einer Komposit-Statue, die in der Werkstatt des Thutmosis gefunden wurde. Vermutlich war die Skulptur aus verschiedenen Materialien zusammengesetzt.

sprünglicher Name immer noch ungewiss. Einige Ägyptologen halten sie für eine fremdländische Prinzessin, die den Namen geändert hat, wobei »Nofretete«, »die Schöne ist gekommen«, zu dieser Zeit nicht ungewöhnlich in Ägypten ist, sondern in variierter Form immer wieder auftaucht. So finden sich in einem thebanischen Grab, das aus der Zeit von Amenophis III. stammt, die Namen Nefert-Wati (»die Schöne ist einzigartig«) und Neferteni (»Die Schöne ist für mich«).

Dennoch, theoretisch könnte Nofretete eine mitannische Königstochter gewesen sein. Das Reich von Mitanni, zwischen Euphrat und Tigris gelegen, unterhielt diplomatische Beziehungen zu den ägyptischen Königen des Neuen Reiches, wie durch zahlreiche Briefe im Amarna-Archiv belegt ist. Der König von Mitanni, Tuschratta, hatte jedenfalls seine Tochter Taduschepa an den Königshof in Ägypten geschickt. Mit über 300-köpfigem Gefolge traf sie in Theben ein. Ein großzügiges Geschenk. Im Gegenzug wurden – wie auch in anderen Fällen – Gold, militärische Unterstützung sowie politisches Wohlwollen erwartet und in diesem Fall wohl auch, dass sie Königin in Ägypten würde. Es gibt Hinweise, dass Taduschepa etwa 14-jährig nach Ägypten kam, dort die Frau von Amenophis III. wurde und kurze Zeit später, nach dessen Tod, die Gemahlin von Amenophis IV. Ob sie aber wirklich zu Nofretete wurde, und damit zu königlicher Gattinnen-Würde aufgestiegen ist, lässt sich nicht belegen und ist eher unwahrscheinlich. Erst in der 19. Dynastie ist diese Ehre nachweisbar einer ausländischen Prinzessin zuteil geworden. Vielleicht ist Taduschepa doch nur dem königlichen Harem von Amenophis IV. einverleibt worden. Jedenfalls musste sich ihr Vater nach ihrem Verbleib erkundigen, was bei einem Aufstieg in den königlichen Rang sicher nicht nötig gewesen wäre.

Die meisten Ägyptologen, auch Zahi Hawass, der Direktor der ägyptischen Antikenbehörde, gehen heute davon aus, dass Nofretete ägyptischer Abstammung war, zwar nicht königlich, aber offenbar einer hoch angesehenen und einflussreichen Familie der ägyptischen Oberschicht entstammte. Darin war sie ihrer Schwiegermutter Teje, der starken und berühmten Gemahlin von Amenophis III., gleich, die, wenn man einigen der Argumentationen folgt, sogar Nofretetes Tante war.

Aber zunächst zu ihrem Vater. Es gilt für viele Ägyptologen als sehr wahrscheinlich, dass der hohe Beamte Eje Nofretetes Vater war. Eje spielte am Hof des ägyptischen Königs eine einflussreiche Rolle und besaß viele Ehrentitel. Eine der faszinierenden Porträtmasken aus Stuck im Ägyptischen Museum Berlin trägt offenbar seine Züge. Eje war der Sekretär des Königs, aber auch ein Mann

29 *Der Kopf gilt als Portrait des Eje, der nach dem Tod Tutenchamuns auf den ägyptischen Thron folgte.*

des Militärs mit dem Titel »Vorsteher der Pferde des Königs«. Nach dem frühen Tod Tutenchamuns bestieg er sogar den ägyptischen Thron. In seinem unvollendet gebliebenen Grab, in den Felsen über Achet-Aton gelegen, ist er neben dem Eingang als kniender Mann neben seiner ebenfalls knienden Gemahlin abgebildet. Interessant ist, neben der hervorragenden Ausführung in Manier des so genannten königlichen Sakkara-Stils, die Beschriftung. So geht aus dem Hieroglyphentext hervor, dass er der »Gottesvater« Eje ist – unter anderem eine Bezeichnung für den Vater eines königlichen Kindes. Seine Gemahlin Ti, Tiy oder Tiji wird als Amme der Nofretete bezeichnet. Wörtlich heißt es – sie trägt eine Reihe von Ehrentiteln –: »Liebling des guten Gottes, Kinderfrau der Großen Königlichen Gemahlin Nofretete, Amme der Göttin, Schmuck des Königs«. Auch sie hatte demnach einen hohen Rang bei Hofe. Der Hinweis, dass sie eben nur die Amme – und möglicherweise Stiefmutter – von Nofretete war,

lässt den Schluss zu, dass deren leibliche Mutter sehr früh, vielleicht bei der Geburt verstorben ist. Tiji selbst war sicher nicht die Mutter Nofretetes, sonst wäre auf einer der Inschriften der Titel »Königliche Mutter der großen königlichen Gemahlin« genannt.

Wer Nofretetes Mutter gewesen könnte, auch darüber gibt es mittlerweile vielfache Spekulationen. Unter anderem wurde die Vermutung geäußert, dass sie eine Tochter von Amenophis III. mit einer seiner Nebenfrauen gewesen sein könnte. Dagegen spricht – bisher – dass es nirgends einen Hinweis auf Nofretete als »Königstochter« gibt, wie es in vergleichbaren Fällen üblich war. Noch ein zweites Mal sind Eje und seine Tiji in dem Grab abgebildet. Es ist übrigens in seiner Größe, reichhaltigen Dekoration und Ausstattung, darunter 15 Säulen, eines der schönsten Felsengräber im heutigen Amarna, offenbar einer hochstehenden Persönlichkeit würdig. Leider fehlt diese Szene heute in dem Grab. Die Darstel-

30 *Die Darstellungen von Tiji und Eje im Felsengrab des Eje von El-Amarna belegen Ehrentitel wie »Gottesvater« und »Amme der Göttin« und geben Hinweise auf eine verwandtschaftliche Beziehung der beiden zum Königshaus.*

lung wurde heraus gebrochen und kam auf den Kunstmarkt. Jetzt befindet sie sich im Ägyptischen Museum Kairo. Die Szene zeigt Nofretete und Echnaton, die, vom so genannten Ehrenfenster aus, Eje und Tiji mit einem besonders großen Ehrengoldkragen beschenken. Das so genannte Ehrengold war eine hohe öffentliche Auszeichnung. In früheren Zeiten wurde sie siegreichen Soldaten überreicht. Seit der 18. Dynastie auch Staatsmännern und ranghohen Hofbeamten, verdienten, treuen Untergebenen des Pharao eben.

Die Abbildung im Eje-Grab ist besonders schön: Hier sind – eines der wenigen Male – die Gesichter von König und Königin erhalten. Nach dem Ende der Amarna-Zeit wurden ja sowohl Namen

31 *Aus dem Grab des Eje in El-Amarna stammt die Szene, in der Nofretete und Echnaton das so genannte Ehrengold an Eje und seine Frau Tiji schenken. Die Darstellung der Empfänger wurde herausgebrochen und kam auf Umwegen ins Ägyptische Museum in Kairo.*

als auch Gesichter des Ketzers Echnaton und seiner Familie ausgekratzt, um ihn für alle Zeiten zu vernichten. Nofretete ist in dieser Szene ungewöhnlich aktiv dargestellt, mehr als in Darstellungen derselben Thematik mit anderen Protagonisten. Ihr rechter Arm reicht aus der Umrahmung des Fensters. Auch sie hält etwas für die Empfänger bereit. Vor und hinter ihr ist je eine ihrer Töchter zu sehen. Rechts, unterhalb des Fensters mit erhobenen Armen, Eje und Tiji. Es ist – soweit bis heute bekannt – die einzige Abbildung, in der auch eine Frau Ehrengold erhält. Tiji muß also eine bedeutende Rolle gespielt haben.

Die Hinweise darauf, dass Eje, ein ranghoher Mann des Staates, mit der Königin dieser Zeit, Teje, verwandt war, sind zahlreich. Teje nämlich war – das ist mehrfach belegt – die Tochter von Juja und Tuja, einem reichen, gebildeten und einflussrei-

chen Ehepaar aus Achmim in Mittelägypten, über die gleich mehr zu erfahren ist.

Eje nun trug einige derselben Titel wie Juja, der Vater von Königin Teje, z.B. den Titel »Gottvater«. Es war damals durchaus üblich, derartige Titel an den ältesten Sohn weiterzugeben. Außerdem hat Eje in Achmim, der Heimatstadt der Familie von Juja und Tuja, dem Fruchtbarkeitsgott Min eine Kapelle geweiht.

Im Musée d'Art et d'Histoire in Genf gibt es außerdem ein Reliefbruchstück, dass Dietrich Wildung, der ehemalige Direktor des Ägyptischen Museums in Berlin, als Teil eines anderen Bruchstückes aus der Eremitage in St. Petersburg identifizierte. Von diesen Fragmenten wurden jeweils Kopien angefertigt und an beiden Orten ergänzt. Entstanden ist ein gemeinsames Portrait von Eje und Teje. Ein Hinweis darauf, dass sie möglicherweise Geschwister waren.

32 *Die beiden Relieffragmente der Darstellung von Eje und Teje befinden sich zum einen im Musée d'Art et d'Histoire in Genf und zum anderen in der Eremitage von St. Petersburg.*

tete. Spekulativ ist eher, dass sie mit der Religion und Politik von Echnaton nicht einverstanden war und frühzeitig nach Theben zurückgekehrt ist. In späterer Zeit war sie allerdings nachweislich mit General Haremhab verheiratet. Er bestieg als letzter Herrscher der 18. Dynastie den Thron und stellte die durch Echnaton zerstörte alte Ordnung wieder her.

Schließlich findet sich im Berliner Ägyptischen Museum ein Nähkästchen mit den Namen von Eje und Teje. Warum, fragt man sich – zugegeben aus heutiger Sicht – waren die beiden auf so einem häuslichen Gegenstand inschriftlich genannt, wenn sie nicht ein privater oder gar familiärer Zusammenhang verband.

Der britische Ägyptologe Cyril Aldred (1914-1991) ist sogar der Meinung, dass es eine gewisse Ähnlichkeit zwischen Eje – dem möglichen Vater Nofretetes – und Juja – der Mutter von Teje und evtl. von Eje – gegeben habe. Wenn man die Mumie von Juja mit einem der Amarna-Köpfe im Berliner Ägyptischen Museum, der von vielen für Eje gehalten wird, vergleicht, scheint dieser Hinweis zumindest nicht abwegig. Eje ein Sohn von Tuja: dann wären Nofretete und Echnaton Cousin und Cousine gewesen. Und Juja und Tuja wären mit größter Wahrscheinlichkeit die Großeltern von Nofretete.

Wichtig ist noch eine andere Frau: Mudnejmet. Sie taucht mehrmals auf den Grabdarstellungen von Amarna, offenbar als Hüterin der Töchter von Nofretete und Echnaton auf. Ein junges Mädchen mit der für königliche Kinder typischen Seitenlocke. Etwas größer als die Töchter. Für viele ist sie die jüngere Schwester von Nofre-

Wir wissen, dass Juja und Tuja die Eltern von Teje waren. So steht es z.B. auf einem der undatierten großen Skarabäen, die Amenophis III. anlässlich besonderer Ereignisse »herausgab«. Solch ein Anlass war seine Hochzeit mit der jungen Teje. Eine Liebesheirat? Eine Heirat aus politischem Kalkül, z.B. weil die Verbindung zum Militär immer wichtiger wurde? Wer weiß.

Tejes Vater Juja, ein Offizier, hatte eine führende Rolle beim Militär, trug den Titel »Vorsteher der Pferde des Königs« und befehligte als »Stellvertreter seiner Majestät bei der Streitwagentruppe« die königliche Wagentruppe. Er trug auch den Titel »Gottesvater«, was in dieser Zeit so viel bedeuten konnte wie königlicher Erzieher oder Ratgeber oder aber auch tatsächlich (Vater oder) Schwiegervater. In seiner Heimatstadt Achmim diente er als hochrangiger Priester dem Gott Min. Auch Tuja diente in Achmim, am Ostufer des Nils, gegenüber der heutigen Stadt Sohag gelegen, verschiedenen Ortsgöttern. In Theben war sie eine Amunpriesterin und Sängerin der Hathor und hatte darüber hinaus mehrere Ämter bei Hofe, unter anderem war sie oberste Haremsdame. Es dürfte ihr gefallen haben und es war natürlich eine große Ehre, dass sie »Königliche Mutter der

33 *Die vereinzelt in Grabdarstellungen mit den Prinzessinnen von Amarna auftauchende Mudnejmet scheint als Hüterin der Töchter Echnatons und Nofretetes zu fungieren. Manche Forscher sehen in ihr eine Schwester der Nofretete.*

Hauptgemahlin des Königs« genannt wurde, wie auf einer eingemeißelten Inschrift in ihrem Grab KV 55 zu lesen ist, das im Februar 1905 von dem Amerikaner Theodore Davis entdeckt wurde: Ein ungewöhnlich reich ausgestattetes Grab, mit goldglänzenden Totenmasken, opulent geschmückten Särgen, Kanopenkrügen aus Alabaster, in denen die inneren Organe der Verstorbenen aufbewahrt wurden, Totenfiguren und anderen zahlreichen edlen Grabbeigaben aus dem Hausstand des Paares, das – auch das eine ungewöhnliche Ehrbezeugung – im Tal der Könige lag. Aber wenn sie die Eltern einer Königsgemahlin, eines Königs und die Großeltern einer Königsgemahlin waren, sogar zweier, da Mudnejmet, die Gemahlin des Königs Haremhab, Nofretetes Schwester war, ist diese herausragende Stellung ja mehr als begründet.

Die Mumien von Juja und Tuja gehören zu den besterhaltenen überhaupt. Stolz, mit Stil und Ausstrahlung, wirken sie heute noch. Aber geben sie auch Aufklärung darüber, wie es um die weitere Abstammung von Teje bestellt war?

Vielen gilt ihr berühmter Berliner Kopf allein wegen der dunklen Tönung als Beweis für eine ausländische Herkunft: Immer wieder werden nubischer Stil und Ausdruck betont. Einen besondern Bezug zu Nubien mag es gegeben haben. Teje hatte dort in der Nähe von Sedinga, im Norden des heutigen Sudan, später sogar – als erste königliche

Gemahlin in der ägyptischen Geschichte überhaupt – einen eigenen Tempel. Aber was sagt das über die Genese?

Eine andere These lautet, dass sie syrischer Herkunft gewesen sei, u.a. deshalb, weil Juja, ihr Vater, häufig »maryannu« genannt wird, was im syrischen »Streitwagenkämpfer« bedeutet. Andere Vermutungen gehen von einer libanesischen Abstammung aus. Beweise gibt es aber bis heute nicht. Die Mumien behalten – solange an ihnen keine genetischen Untersuchungen durchgeführt werden – ihr Geheimnis für sich.

34 *Der berühmte Berliner Kopf der Königin Teje wird von einigen Forschern gerne als Beleg für eine fremdländische Herkunft der Gemahlin Amenophis III. herangezogen.*

Fest stehen zwei Dinge: die dunkle Tönung des Teje-Kopfes hat sich daraus ergeben, dass das Eibenholz, aus dem er gemacht wurde, bei seiner Alterung stark nachdunkelt. Und: Die Namen Juja und Tuja sind nicht unmittelbar ägyptischen Ursprungs.

Nun zu Teje selbst, der Tante von Nofretete, sofern man dieser Hypothese folgt. Aber auch wenn sie nicht die Tante gewesen sein sollte: Die Rolle, die sie gespielt hat, die Familienpolitik, die sie betrieb, ihr außen- und innenpolitischer Einfluss, das alles muss sie zu einer Wegbereiterin und einem Vorbild für Nofretete gemacht haben.

Das bekannteste Abbild von Teje ist der schon erwähnte kleine Kopf aus Eibenholz. Ein Kopf, der, so klein er auch ist, doch bereits viel erzählt: Einig sind sich die meisten Forscher, dass es ein Gesicht ist, das sehr viel Altersweisheit ausdrückt. Die schrägen, etwas hervortretenden Augen haben offenbar eine Menge gesehen, die Falten an den Nasenenden sind tief, die Mundwinkel – wie in Enttäuschung oder gar Verbitterung – heruntergezogen. Eine geradezu naturalistische Darstellung. Eine Computeruntersuchung hat ergeben, dass dieser Kopf ursprünglich eine Krone aus Gold und Silber trug – eine kugelige Haube, zwei Uräen hinter den Ohren, ein Uräenpaar über der Stirn und zwei Ohrstecker, von denen nur noch einer zu sehen ist. Den Rest verbirgt eine Haube. Auf den ersten Blick könnte man sie für eine Perücke halten, aber an einer Stelle kann man noch erkennen, dass sie einst mit kleinen blauen Perlen bestickt war. Offenbar musste Teje in ihrem Rang zurücktreten, als Nofretete als »Große Königliche Gemahlin« die Zügel in die Hand genommen hat.

Gleichzeitig wurde Teje aber mit anderen Insignien ausgestattet und ausgezeichnet: auf den Scheitel des Kopfes wurde eine Krone gesetzt bestehend aus Federn, Hörnern und einer Sonnenscheibe: Teje wurde zur Göttin gemacht.

Bilder aus ihrer Jugend zeigen eine ganz andere Frau. Ein Berliner Relief stellt sie in idealisierter Weise dar – schlank, zierlich, mit einem hübschen offenen Gesicht. Es zeigt aber auch die bereits bekannten, charakteristischen Details wie das schlitzförmige Auge, die zierliche Nase mit ihrer charakteristisch nach unten gezogenen Falte und die tief eingesetzten Mundwinkel.

Zu dieser Zeit, in jungen Jahren, wird sie die Hauptgemahlin von Amenophis III. - was diesem so wichtig ist, dass er dafür den bereits angesprochenen Gedenkskarabäus herausbringt. Später sorgt er dafür, dass ihr Name in einer eigenen Kartusche (ovale Umrahmung) erscheint. Auch das ein Novum und Ausdruck ihrer Bedeutung.

In den nächsten Jahren schenkt Teje ihm sechs Kinder: Thutmosis – Sitanum – Henuttaneb – Isis – Nebetah – Amenophis (IV.). Später kommt noch eine Tochter, Baketaton, dazu. Vor allem die Töchter werden immer wieder zusammen mit ihren Eltern dargestellt. Drei davon gleichzeitig auf einer äußerst interessanten und eindrucksvollen Kolossalstatue aus Theben (▶ 35), die Amenophis III. und Teje nebeneinander in gleicher Größe (!) und gleicher Ausarbeitung (!) sitzend zeigt. Sie trägt eine schwere, dreigeteilte Perücke, die mit einer Uräusschlange geschmückt ist. Mit dem rechten Arm umfasst sie – zärtlich? – die Taille ihres Mannes. Ihr Gesicht – ohne jegliche fremdländischen Züge – lächelt ebenso entspannt, wie das von Amenophis III., dem sie offenbar in nichts nachsteht. Deutlicher konnte die besondere, ja bedeutende Rolle, die Teje an der Seite ihres Gemahls spielte, nicht dargestellt werden.

Zum ersten Mal erlangte mit ihr eine »Große Königliche Gemahlin« mehr Einfluss und größere politische Bedeutung als die Königinmutter. Selten wurde eine Königin so oft neben ihrem Gatten abgebildet oder in Schriften, auf Ringen oder ähnlichem gemeinsam mit ihm genannt. Besondere Aufmerksamkeit erregt eine Darstellung von Teje als Sphinx (▶ 36). Eine sehr elegante Erscheinung. Vor sich,

35 *Die Kolossalstatue im Ägyptischen Museum Kairo zeigt Teje und Amenophis III. in gleicher Größe nebeneinander auf dem Thron, zu ihren Knien drei ihrer Töchter.*

36 *Die Darstellung der Königin Teje als Sphinx im Metropolitan Museum in New York hält eine Kartusche mit dem Namen ihres Mannes Amenophis III. vor sich.*

in ihren Händen, hält sie eine Kartusche mit dem Namen ihres Mannes, stolz und als ob sie ihn schützen wollte.

Teje war offenbar in die meisten Staatsgeschäfte einbezogen. Zumindest hat sie von vielen Vorgängen Kenntnis gehabt. Es sind mehrere Briefe nachgewiesen, die ausländische Fürsten an sie gerichtet haben – vor allem nach dem Tod ihres Mannes. Einige sogar mit der Bitte um die Klärung offener Angelegenheiten.

Und nun zu den beiden Söhnen. Der ältere, Thutmosis, war als eigentlicher Thronfolger vorgesehen und wurde wohl auch auf diese Rolle vorbereitet. Er war zum Beispiel Priester in Memphis. So heißt es jedenfalls auf einem der wenigen schriftlichen Zeugnisse seiner Existenz, einem Steinsarkophag für eine Katze, der in den Ruinen eben dieser Stadt gefunden wurde. Auf beiden Seiten des Deckels steht in Hieroglyphen: »Gemacht auf Anweisung des ältesten geliebten Königssohnes, Vorstehers der Priester in Ober- und Unterägypten, Hohenpriesters des Ptah, Sem-Priesters Thutmosis.« Eine Abbildung des Thronfolgers gibt es auf dem Bruchstück eines Reliefs, das aus einer Kapelle bei Sakkara stammt. Unter dieser Kapelle in einer unterirdischen Grabkammer waren Apis-Stiere beigesetzt worden. Das Gesicht zeigt große

37 *Der Miniatursarkophag von Thutmosis V., einem Bruder von Echnaton und der eigentliche Thronfolger von Amenophis III., zeigt den Toten als Mumie auf dem Deckel liegend.*

mandelförmige Augen, eine kurze Nase, einen lächelnden vollen Mund. An der Seite des Kopfes befindet sich eine Schläfenlocke, die, unten zu einer Spirale gerollt, bis zur Schulter reicht. Die typische Haartracht der Sem-Priester.

Ganz ähnlich sieht auch ein Toter aus, der in Gestalt einer Mumie auf seinem Sarg (▶ 37) liegend abgebildet ist. Eine Miniatur befindet sich im Ägyptischen Museum Berlin. An der Seite die Inschrift: »Der Königssohn, der Sem-Priester Thutmosis der Gerechtfertigte.« Auch wenn die Züge sehr kindlich wirken, ist es nicht anzunehmen, dass Thutmosis als Kind starb, wie manche Forscher vermuten, da er die Funktion eines leitenden Priesters hatte. Sein genaues Todesdatum und die Todesursache sind aber ebenso wenig bekannt wie die Stelle seines Grabes. Entscheidend für die Historie ist nur, dass sein jüngerer Bruder Amenophis, der eigentlich nicht dafür vorgesehen war, durch den offenbar überraschenden Tod von Thutmosis zum Thronfolger wurde. Ohne Thutmosis' Tod hätte es nie einen Staatsgott Aton gegeben, wäre Nofretete nicht zur Königin gekrönt worden, wäre die Stadt Achet-Aton nie entstanden.

Von Amenophis IV. selbst und seiner Jugend weiß man so gut wie nichts. Nur ein einziger Text nennt ihn vor seiner Thronbesteigung, eine hieratische Aufschrift auf einem Weinkrug aus dem Malqata-Palast, dem Palast, den sein Vater Amenophis III. um sein 30. Regierungsjahr westlich von Theben erbauen ließ.

Wenn derartig enge verwandtschaftliche Verhältnisse zwischen Amenophis IV. und Nofretete bestanden, wie wir sie hier vermuten, dann kann leicht möglich sein, dass Echnaton und Nofretete sich bereits als Kinder kannten. Vielleicht haben sie sogar zusammen in Malqata (▶ 38) gespielt. Möglich ist das, aber nicht belegt.

38 *Noch heute lassen sich die Grundmauern des Palastes von Amenophis III. in Malqata erkennen.*

39 *Tempelanlagen in Karnak, im Nordosten von Theben, die Amenophis III. erbauen ließ.*

40 *Professor Hassan Selim liest Hieroglyphen
wie eine zeitgenössische Fremdsprache*

41 *Die gewaltige Tempelhalle in Karnak beeindruckt
noch heute*

Ihre ersten Lebensjahre als Kind hat Nofretete möglicherweise, ihre ersten Jahre als Gemahlin von Amenophis IV. sicher und nachweislich in Theben oder Karnak verbracht.

Dabei ist höchstwahrscheinlich Malqata ihr Wohnort gewesen, die riesige Palastanlage auf dem Westufer von Theben, fast eine eigene Stadt, die Amenophis III. für seine Sed-Feste erbauen ließ. Noch zur Zeit der Ausgrabung von 1910 konnte man einen anschaulichen Eindruck davon gewinnen, wie diese Anlage von naturschönen Darstellungen geprägt gewesen sein muss. Als der englische Ägyptologe Arthur Weigall damals den Ort beschrieb, standen die Mauern noch hoch, waren Reste von großen Säulenhallen und wunderbaren Wanddekorationen gut zu erkennen. Tiere, Pflanzen, das ganze Gelände war eine Ode an Natur und Schöpfung. Offenbar wurde es später auch zu einer Inspiration der neuen großen Paläste.

Der Komplex hatte fünf Bereiche: die Wohnräume für den König mit einer Badeanlage und großem Schlafzimmer. In der Nähe die Festhallen für die Sed-Feierlichkeiten. Etwas separat die Gemächer für die Königin, die Kinder, den Harem, alle mit Räumen für die Dienerschaft und für Vorräte versehen. Schließlich noch ein Bereich für die Beamten, ein Tempel für Amun und ein Wohnviertel für die Arbeiter. Amenophis III. hatte diesen Ort »Haus des Nebmaatre, Herrlichkeit des Aton« genannt!

Wann genau und in welchem Alter Nofretete und Amenophis IV. (später Echnaton) heirateten, ist nicht bekannt. Es wird vermutet, dass Nofretete 12-15 Jahre alt war, ihr Mann etwas älter, und

42 *Zur Zeit der Ausgrabungen von 1910 wiesen die Ruinen von Malqata, der Palastanlage auf dem Westufer von Theben, noch Reste der Bemalung auf.*

dass die Heirat kurz vor seiner Thronbesteigung stattfand. Sicher weiß man: Echnaton – zu dieser Zeit noch Amenophis IV. – hat fünf Jahre als Regent in Theben gelebt und agiert. Eine Diskussion unter den Experten geht seit Jahrzehnten darum, ob Echnaton davor bereits einige Jahre Mitregent seines Vaters war. Das ist nach wie vor unklar. Sicher ist wiederum, dass er und Nofretete in dieser Zeit drei Töchter bekamen. Meretaton, Meketaton und Anchesenpaaton. Die Namen besitzen alle dieselbe Endung: Aton, der Name des neuen Gottes, den Amenophis IV. als alleinigen Gott einführte. Auch der Herrscher selbst und seine Frau haben im fünften Jahr seiner Regentschaft ihm zu Ehren ihre Herrschernamen geändert: Aus Amenophis oder Amenhotep IV. wurde Echnaton (»der dem Aton dient«), aus Nofretete Neferneferuaton-Nofretete. (»Schön ist die Schönheit des Aton – die Schöne ist gekommen«). Sie bekam keinen Thronnamen, aber immerhin – auch das eine Rarität – eine Verdoppelung ihrer Namenskartusche.

Nofretete hat alle Entscheidungen ihres Mannes und die Veränderungen, die er einführte, mitgetragen, war mindestens so überzeugt von der neuen Religion wie er. Für viele Forscher ist sie sogar eine wesentliche Mit-Initiatorin, wenn nicht gar die treibende Kraft. Ein verführerischer Gedanke wenn gilt, dass Eje, ihr Vater, nicht nur der Sekretär des Königs, sondern auch sein »Seher« oder »Guru« war – wie viele Ägyptologen glauben –, Nofretete also von klein auf mit seinen Visionen vertraut war. Zahi Hawass, der Direktor des ägyptischen Antikendienstes, ist sich sicher: »Ich glaube, dass sie die erste war, die ihren Ehemann unterstützte. Ich glaube, dass sie in Theben wirk-

lich der Hohepriester für Echnaton war. Niemand unterstützte ihn. Vor allem die alten Ägypter wollten nicht an seinen einen neuen Gott glauben. Und die einzige Unterstützung, die er hatte, war seine geliebte und wunderschöne Frau Nofretete.«

Prof. Friederike Seyfried, Direktorin des Ägyptischen Museums zur Rolle von Nofretete: »Im Altägyptischen Reich hatten die Frauen generell eine starke Position. Denken Sie nur an Teje, die Vorgängerin von Nofretete. Deren auch politische Rolle hat Nofretete sozusagen geerbt. Und ich denke, man kann sagen, sie hat diesen Part noch ausgebaut. Demgegenüber hatte die Rolle des Königs neue Aspekte, indem für ihn Philosophie und Religion einen hohen Stellenwert hatten. In keiner anderen Periode war der

43 *Zahlreiche Darstellungen zeigen Echnaton zusammen mit Nofretete bei der Opferung an Aton.*

König in dogmatisch wichtigen Szenen so konsequent in Begleitung seiner Gemahlin zu sehen.«

Und tatsächlich: In fast allen Abbildungen aus dieser Zeit ist Nofretete mit Amenophis IV. (Echnaton) zusammen dargestellt, ein absolutes Novum. Bei allen öffentlichen Anlässen, sogar beim Sed-Fest, das die Kräfte des Herrschers rituell erneuern sollte, und auf Darstellungen im Tempel sind beide zusammen abgebildet.

Die Abbildungen aus dieser Zeit haben keinen Portraitcharakter in unserem Sinn, gleichwohl sind sie von einem erstaunlichen Realismus geprägt. So ist schon früh erkennbar, dass Nofretete sich ihrer Würde bewusst ist. Selbstbewusstsein, Stolz, Klarheit über ihre Position und Verantwortung, das alles meint man bereits in den ersten Jahren erkennen zu können. Eines der schönsten »Bildnisse« aus dieser Zeit zeigt die Königin – obwohl sie sehr jung gewesen ist – mit den Zügen einer gereiften Frau. Von der Nase zu den Mundwinkeln ziehen sich deutlich erkennbare Falten, auch um den Mund

herum ist die Haut gezeichnet. Sie trägt eine lange abgestufte Perücke, in der Mitte ein Diadem oder Haarband, vorn einen doppelten Uräus, ein Symbol der Könige, eine giftige Speikobra, die die Menschen auf Abstand hält, ihren Träger schützt. Als Kopfschmuck trägt sie einen ganzen Kranz davon, aufgerichtet nebeneinander, offenbar die Basis einer hohen Krone. Nah ihrem Gesicht ein Anch-Zeichen, Hieroglyphe für Leben, Symbol für Lebensspendendes und eine offene Hand, die die Lebenskraft der Sonnenstrahlen, der Verkörperung Atons, weitergibt. Vielleicht war es naheliegend, dass in dieser Religion die Frau als Lebenspenderin eine besondere Wertschätzung findet.

In diesen frühen Bildern erscheint Nofretete als eine eindrucksvolle, aber nicht unbedingt als eine schöne Frau! Auffallend ist die Ähnlichkeit mit den Bildnissen von Amenophis IV. (Echnaton) (▶ 45) aus dieser Zeit. Auch bei ihm findet man ein überlanges Gesicht, hohe Backenknochen, eingefallene fast hohle Wangen, Querfalten am Hals. Eine sehr schmale Nase, die in einer verdick-

44 *Der Talatat-Block zeigt Nofretete opfernd, das Lebenszeichen »Anch« nah ihrem Gesicht.*

gleicher Pharao gleichzeitig Mann und Frau repräsentieren. Oder anders ausgedrückt: der Pharao sollte als Schöpfergott dargestellt werden, als Abbild von Fruchtbarkeit, Ganzheit, ja der Wesenheit des Lebens.

Das »Unnormale« war also Absicht. Es sollte die Einzigartigkeit des Pharao und seiner Familie ausdrücken, sie als ganz und gar außergewöhnliche Wesen herausheben. Also: keine realistische Darstellung, sondern eine ideologisch religiöse und philosophische Aussage.

Auch bei den Skulpturen des Echnaton – gefunden 1925 von Henri Chevrier auf dem Gelände des riesigen Aton-Tempels, Gempa-Aton (»Die Sonnenscheibe ist gefunden«) in Karnak – zeigt sich dasselbe Phänomen: überlange Körperteile und Gliedmaßen, ein sehr dünner Hals, das Kinn weit heruntergezogen, dazu sehr breite Hüften und »weibische« Oberschenkel. Von unten gesehen – das war die normale Perspektive für den Betrachter, denn die Skulpturen waren riesig groß – erscheinen sie zwar als nicht ganz so verzerrt, aber sie bleiben als extreme Formen und Proportionen erkennbar.

Nach Angaben des in dieser Zeit führenden Bildhauers bei Hofe, Bak (▶ 46), hat Echnaton die Art der Darstellung persönlich angewiesen. Bak bezeichnet sich als einen, »den seine Majestät selbst unterwiesen hat.«

Eine von diesen Skulpturen allerdings ist völlig nackt und gänzlich ohne Genitalien dargestellt. Hier vertreten einige Forscher die Meinung, dass es sich dabei um Nofretete handelt (▶ 47). Es sieht auch so aus, als trage sie eine Kopfbedeckung ähnlich der, wie sie die Göttin Tefnut auf Abbildungen trug. Wenn es stimmt, dass es Echnatons Idee war, sie beide als gött-

ten Spitze ausläuft, die Lippen geradezu wulstig, die Augen wie extrem schräg stehende Schlitze. Der Bauch vorgewölbt und schlaff. Eine Darstellung, die ganz das Gegenteil der auf Schönheit und Harmonie bedachten, idealisierenden Darstellung von früheren Pharaonen ist. Lange Jahre haben diese Abbildungen zu Irritationen geführt, haben wilde Thesen provoziert, wie der König zu solchen »Deformationen« gekommen sei. Eine schreckliche Krankheit wurde angenommen, von Epilepsie war die Rede, vom Fröhlichschen Symptom oder dem Marfan-Syndrom. Inzwischen geht man davon aus, dass es bei diesen Abbildungen um die Erfindung eines neuen Stils ging, eines eigenen, künstlerischen Typus für den Herrscher. Amenophis IV. selbst hatte die Idee dazu. Er wollte und initiierte eine zugleich männliche und weibliche Darstellung seiner Person, wollte als gott-

45 *Die Darstellungen des Königs Amenophis IV. bzw. Echnatons aus El-Amarna zeigen ihn mit überlangem Gesicht und eingefallenen Wangen.*

46 *Stele des Bildhauers Bak und seiner Frau. Bak bezeichnet sich als einen, »den seine Majestät selbst unterwiesen hat«.*

tung einen Riesenaufwand verlangten. Aber hier – beim Bau der Aton-Tempel in Karnak wie auch später bei der Erbauung von Amarna – ging es offensichtlich darum, mit den Baumaßnahmen schnell fertig zu werden. Ein Charakteristikum von Echnatons Herrschaft. Zwischen Idee und Einweihung lagen – so die Forscher – maximal zwei Jahre. Ein Rekord. Dafür war diese Fertigbauweise ideal.

Über 40 000 von diesen Bausteinen wurden seit 1939 gefunden. Ein Riesenglück für die Forschung, war doch nach dem Ende der Herrschaft von Echnaton und seinen unmittelbaren Nachfahren alles zerstört worden, dem Erdboden gleichgemacht, was an den »Ketzer« erinnerte. So auch der große Aton-Tempel Gempa-Aton – einer von vier Aton-Tempeln, die Amenophis IV. in Karnak bauen

liches Zwillingspaar Schu und Tefnut darstellen zu lassen, das dem Gott Re-Atum entsprang, dann hat das seinen Reiz. Beide wären also im Wechsel mit den Säulen im Tempelumgang aufgestellt gewesen. Das Gegenargument: Es gibt bislang nur diese einzige Skulptur. Das reicht nicht als Beweis.

Eindeutig belegt ist die Beteiligung von Nofretete, gemeinsam mit ihrem Mann, an religiösen und kultischen Handlungen. Am besten dargestellt auf den sogenannten Talatat-Blöcken. Das sind kleine 52 x 26 x 24 Zentimeter große, gut transportable Sandsteinblöcke, also relativ handliches Baumaterial, das von einem einzigen Arbeiter getragen und verarbeitet werden konnte. Anders als in früheren Zeiten, als namentlich für Tempel fast ausschließlich große schwere Steine benutzt wurden, die sowohl für den Transport als auch für die Verarbei-

47 *Die nackte Kolossalstatue zeigt keinerlei Geschlchtsorgane. Manche Forscher möchten in ihr die Königin Nofretete sehen.*

ließ. Heute ist hier eine riesige Brachflä-
che (▶ 48, 49), auf der ab und zu Ausgrabungen stattfinden. Vermutlich wird hier
in den nächsten Jahrzehnten noch viel zu
entdecken sein.

Glücklicherweise wurden die Baustei-
ne in Karnak wieder verwendet, als Füll-
masse, ordentlich aufeinander gestapelt,
vor allem in den sogenannten Pylonen
9 und 10, den Eingangstoren zum Tempelbezirk gen Sü-
den, die Harem-
hab, rund 15 Jahre
nach Echnatons
Ende bauen ließ.

Diese Talatat-
Blöcke werden seit
1965 im Echnaton-
Tempel-Projekt in
mühseliger Klein-
arbeit zusammen-
gesetzt. Über 900
Szenen hat man
inzwischen wie-
derhergestellt.

Und die Mühe lohnt: Das riesige Puzz-
le erzählt aufschlussreich von dieser Zeit.
Vor allem wird klar: Nofretete spielte in
den religiösen Ritualen eine noch größere
Rolle als man schon vermutet hatte.

Rein numerisch ergibt sich schon Er-
staunliches. Die Archäologin Joyce Til-
desley hat mitgezählt: Beim Zusammen-
setzen und Identifizieren wurde allein bis
1976 genau 329-mal das Bildnis Ameno-

48, 49 *Das Gelände des Gempa-Aton-Tempels in Karnak liegt heute brach, nur vereinzelt finden hier noch*
Ausgrabungen statt.

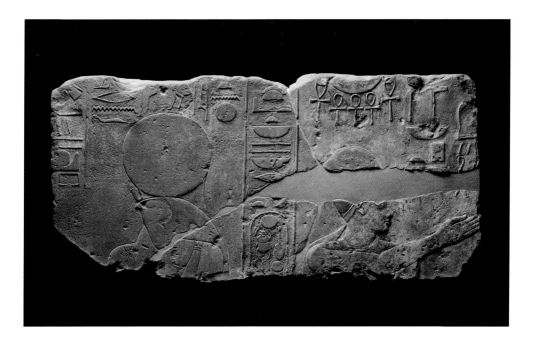

phis IV. (Echnaton) auf den Blöcken ge-
zählt. 564-mal das von Nofretete. Noch
erstaunlicher: Ihr Name stand 67-mal auf
Opfertischen, 13-mal der von beiden zusammen, während Amenophis IV. allein
nur dreimal genannt wird.

Gleichzeitig lässt sich aber festhalten:
Am Anfang der Regentschaft ist Amenophis IV. noch allein als Opfernder dargestellt. Man weiß nicht, warum Nofretete
damals noch nicht dabei war. Waren sie
vielleicht zu dieser Zeit doch noch nicht
verheiratet? In dieser frühen Phase steht
der Pharao noch seinem Sonnengott gegenüber. Aton ist zu dieser Zeit noch
nicht als körperloses Wesen dargestellt,
sondern als Re-Harachte, falkenköpfig
auf einem menschlichen Körper, von einer Sonnenscheibe mit Uräusemblem
gekrönt. Die Vorstellung eines abstrakten
Gottes ist für die Künstler zunächst eine
zu große Herausforderung.

Kurze Zeit später sehen wir auf Bildern vom Sed-Fest dann König und Königin zusammen (▶ 51). Das Sed-Fest
dauert, wie bei Amenophis III., mehrere
Tage, mit täglichen Prozessionen zum
Tempel, wo der Pharao – um verjüngt
und mit neuer Kraft erfüllt zu werden –
den verschiedensten Götten opfert. Bei
Amenophis IV. sind aber nicht mehr alle
Götter im Spiel. Zum Beispiel lässt er den
Osiris- und den Maatkreis aus. Es ist aber
auch noch nicht ausschließlich Aton, mit
dem er sich verbindet.

Zurück im Palast wurde dann mit Essen, Tanz und Musik gefeiert. Gelegentlich
zeigte sich das Paar auch am Ehrenfenster. Amenophis IV. trug dabei eine blaue
Krone mit Bändern und Königsschlange,
an den Füßen Sandalen, um den Unter-
leib einen weißen, gefälteten Schurz, an
dem ein Stierschwanz hing. Die Beine
waren nach hinten durchgedrückt, Arme
und Hände zum Opfer erhoben. Jetzt über
ihm (!) der Strahlen-Aton. Und auch das
ist neu: Aton als Sonnenscheibe, die dem
Opfernden ihre Hände entgegenstreckt.
Zu Beginn halten diese Hände noch Waf-
fen und Hieroglyphen, später sind sie leer
oder reichen ihm das Anch-Zeichen, das
Zeichen für Leben.

50 *Die frühen Abbildungen des Sonnengottes Aton zeigen diesen noch falkenköpfig mit Sonnenscheibe auf dem Kopf.*

Hinter Echnaton Nofretete, kleiner als er, mit etwas hellerer Haut. Sie trägt ein bodenlanges, eng anliegendes und durchscheinendes Kleid, auf dem Kopf eine Federkrone. In den Händen hält sie ein Sistrum, ein Rasselinstrument, während Amenophis IV. im rechten Teil der Darstellung eine Maatfigur opfert und im linken eine Schale Räucherwerk.

Die Ähnlichkeiten werden noch zunehmen. Bei Reliefs, die in Amarna gefunden wurden, sind die beiden nahezu identisch, abgesehen von einigen Details: Nofretete ist immer kleiner als Echnaton dargestellt, sie steht generell hinter ihm, und ihre Hautfarbe ist heller. Alles andere ist gleich: Jede Geste, der Winkel der angehobenen Arme, die Haltung der Hände und die Stellung der Beine und Füße.

Die Schrittstellung von Nofretete – sehr ungewöhnlich für eine Frau und Königin, dass sie in Bewegung dargestellt wird – ist in Karnak schon angelegt, in Amarna wird sie jedoch noch weiter entwickelt und betont jetzt die Gleichheit von beiden um so stärker. Nofretete wird also zu einer Art Verdoppelung, zum Spiegel von Echnaton. Vor der Zeit Echnatons waren derartige Spiegelungen von Zügen und Haltungen eine etablierte Tradition, um die Verbindung zwischen Göttern und König zu unterstreichen. Jetzt überträgt sich diese Verbindung also auf beide. Außerdem scheint Nofretete Echnatons Kraft und Göttlichkeit noch zu verdoppeln. Heute würde man sagen: Sie hält ihm den Rücken frei.

Die Talatat-Blöcke schildern noch andere Aspekte der Zeit von Nofretete und

51 *Der Altar aus dem Ägyptischen Museum in Kairo zeigt Echnaton und Nofretete beim Opfer für Aton.*

Echnaton in Karnak. Auch die Vorbereitungen des Sed Festes werden geschildert, ganz alltägliche Momente: Tiere werden gefüttert und geschlachtet, Brot gebacken, Räume gereinigt.

Und ein Drittes illustrieren die Talatat-Blöcke: Zahlreiche Abbildungen von Militär und Polizei belegen, dass Echnatons Staat, wie schon der seines Vaters, ein absolutistischer war. Und dass er, so die These zum Beispiel des Ägyptologen Nicholas Reeves, mit seiner Religion nicht nur den absoluten Anspruch hatte, mit Nofretete einziger Mittler zwischen Aton und der Welt zu sein, sondern dass er sich auch eine vollkommene gesellschaftliche und politische Machtposition schaffen wollte. Ausdruck dessen sind die zahlreichen Szenen

mit Unterwerfungsgesten: einerseits von Priestern, dann aber auch von fremdländischen Delegationen. Die Männer aus Asien und Afrika, die hier abgebildet sind und in tiefster Anbetung den Boden küssen, sind keinesfalls Gefangene, die um Gnade flehen. Es sind hochrangige Gesandte. Selbst sie müssen dem König ihre Ehrerbietung auf diese Weise darbringen.

Aton war schon zur Zeit der Regentschaft von Echnatons Vater zu einem bedeutenden Gott aufgestiegen. Amenophis III. (▶ 52) hatte ihn etabliert – wohl nicht zuletzt, um den Einfluss der Priesterschaft des mächtigen Gottes Amun, der zusammen mit seiner Gemahlin Mut und seinem Sohn Chons in Karnak alles dominierte, zu reduzieren. Die meisten der gewaltigen Tempel waren ihm geweiht,

die großen Feste fanden ihm zu Ehren statt und ihm wurden auch fast alle Opfer dargebracht und Einnahmen gestiftet. Das alles hatte die Priester zu einer übermächtigen »Kaste« gemacht. Amenophis III. schuf ein Gegengewicht, indem er den Sonnenkult des Alten Reiches wieder belebte. Dabei entdeckte er einen relativ unbekannten Gott für sich: Aton – dessen Name einfach Sonnenscheibe bedeutete und der ebenso durch eine geflügelte Sonnenscheibe oder einen falkenköpfigen Gott dargestellt wurde. Das Zentrum für den Kult des Sonnengottes lag in Hermopolis im Norden Ägyptens, eine größere eigene Tempelanlage für Aton gab es aber nicht. Während der Regentschaft von Amenophis III. gewann dieser Gott zunehmend an Bedeutung,

52 *Amenophis III., Vater und Vorgänger Echnatons auf dem Ägyptischen Thron.*

bekam sogar eine eigene Priesterschaft. Name und Abbild tauchten immer häufiger auf.

Amenophis III. benutzte Aton, um einen neuen Königskult zu entwickeln. Dieser sollte reiner sein und dem König mehr Macht verleihen. War früher der Pharao Vermittler zwischen Menschen und Gott und wurde im Tod zum Halbgott, so betonte Amenophis III. seine eigene Göttlichkeit je älter er wurde. Die Darstellungen belegen das, indem der König immer jünger erscheint. Man kann auch sagen altersloser, also gottgleicher.

Echnaton hat diese Entwicklung fortgeführt und vollendet. Im fünften Jahr nach seiner Thronbesteigung hat er die etablierten Götter nahezu vollständig abgeschafft und ersetzt ihre Vielfalt durch einen einzigen Gott, Aton. Er setzt der Dreieinheit von Amun, Mut und Chons die Dreieinheit von sich selbst, Aton und Nofretete entgegen. Bei Echnaton war allerdings, anders als bei Amenophis III., der Gegenstand der Verehrung nicht die Sonne, sondern das immaterielle Licht. Dieses, so der neue Glaube, bringe Segen, Fruchtbarkeit und Gesundheit. Und die philosophische Aussage: es geht um den Augenblick, das Hier und Jetzt.

Besonders hart traf diese Veränderung natürlich den Gott Amun. Vom fünften Jahr seiner Regierungszeit an verfolgte Echnaton den Hauptgott Karnaks mit großer Konsequenz: An vielen Stellen wurde sein Bild zerstört, der Name ausgeritzt. Auch wenn es – außer im Text der Grenzstelen – keine Belege für einen Aufstand oder Widerstand gegen diese Revolution gibt: Es ist kaum vorstellbar, dass die Amun-Priesterschaft und die etablierten Klassen sich diese radikalen Veränderungen klaglos gefallen ließen. Irgendwann war die Koexistenz von alter und neuer Religion und Politik in Theben nicht mehr aufrechtzuerhalten.

Doch noch einmal zurück zur Frühzeit des Amenophis IV. in Karnak. Zu den vier Tempeln, die er dort bauen ließ, gehörte auch einer mit Name Hwt-Benben. Hier, so hat der Ägyptologe Donald Redford herausgefunden, war Nofretete selbst als Priesterin aktiv. Offenbar sogar als Hohepriesterin und ohne (!) ihren Mann. Sowohl auf den Abbildungen, die im Tempel waren als auch jenen, die sich in der Säulenhalle befanden, ist es einzig Nofretete, die die Opfergaben der Sonnenscheibe entgegen hält. Nach den Darstellungen wurde sie dabei lediglich von ihrer Tochter Meretaton begleitet, die dabei wie eine kleine Erwachsene, mit dem Sistrum in der Hand hinter ihr steht. Die Mutter mit nubischer oder dreigeteilter langer Perücke, gekrönt mit der Schu-Feder, trägt ein sehr dünnes, fast transparentes bodenlanges Kleid.

Andere Blöcke aus Hwt-Benben, wohl aus dem Jahr vier der Regentschaft von Amenophis IV., zeigen, so Redford, schon zwei Töchter, die der Mutter folgen, Meretaton und Meketaton, auf drei Blöcken auch eine dritte Tochter, die dann wohl als Anchesenpaaton zu identifizieren ist.

Frauen, wir haben es schon bei Tuja gesehen, waren schon immer im Tempeldienst aktiv, als Sängerinnen, Tänzerinnen oder Priesterinnen. Oft eng verbunden mit der Göttin Hathor, oder als Stimulantin von Göttern für die Erzeugung von »mythischem« Nachwuchs. Aber immer war es so, dass nur der König als höchster Priester aller Kulte den Göttern opfern durfte. In ihrem Aton-Tempel übernahm Nofretete diese Rolle selbst, wie aus den Inschriften und Darstellungen auf den Talatat-Blöcken hervorgeht. Auch wenn es ein Tempel gewesen sein sollte, in dem ausschließlich Frauen Aton verehrten, wie einige Forscher annehmen, es ist eine ungeheure Aufwertung von Nofretetes Person und Rolle.

»HOCH–ZEIT IN ACHET-ATON«
Glück und Unglück einer Königin

pen wie Blütenblätter, voll, leicht aufeinander gelegt. Die hohen Wangenknochen stehen etwas vor, die schmale, makellose Konturlinie des Gesichts geht in ein leicht eckiges Kinn über. Der offene Gesichtsausdruck wird noch einmal gesteigert, wenn man ihn von der Seite sieht. Weder die fehlenden Augenbrauen und Augen, noch die abgeschlagene Nase reduzieren den majestätischen, würdevollen Eindruck. Der helle Braunton des Quarzit wirkt ganz natürlich, geradezu menschlich, seine Oberflächenstruktur erweckt den Eindruck von Poren. Als ob die Haut atmet, die Adern darunter pulsieren. Am oberen Kopfrand erkennt man den Ansatz für die Krone.

1915 hat der amerikanische Archäologe Clarence S. Fisher den Kopf in Memphis gefunden. Der neue Typ, das neue Bild der Königin, in den Werkstätten von Amarna entwickelt, hier ist es zur Vollendung gekommen.

Die Zeit der unumschränkten Herrschaft beginnt mit dem Umzug von Echnaton und Nofretete nach Achet-Aton. Ein Neubeginn voll positiver Erwartungen. Die Widersacher sind in Theben zurückgeblieben, die Priester der Amun-Tempel, die Traditionalisten und Nutznießer der alten Ordnung. Echnaton und Nofretete haben nur Getreue an ihrer Seite mitgenommen, viele, die vorher nicht in hohem

Es ist das Gesicht einer Herrscherin: der Blick nach vorn gerichtet, die Haltung stolz und entschieden, nicht der Hauch eines Zweifels, keine Idee eines möglichen Scheiterns. Zuversicht, Selbstbewusstsein, ruhige Gelassenheit. Nicht das Strahlen eines Siegers, eher die Ausstrahlung eines Menschen, der in sich ruht, eins mit sich ist und der Welt.

Es ist anzunehmen, dass dieser Kopf aus der Hoch-Zeit von Amarna stammt.

Ihre Augen dominieren ausdrucksstark, sind groß und mandelförmig, die Lider darüber schwer. Die Lip-

53 *Trotz seiner Beschädigungen vermittelt dieser Kopf der Nofretete aus Memphis eine große Ruhe und Gelassenheit. 1915 hat ihn der amerikanische Archäologe Clarence S. Fisher in Memphis gefunden.*

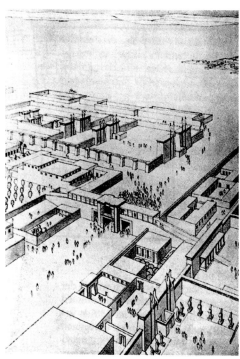

54 *Rekonstruktion der Prozessionsstraße mit dem Tempel und den Palästen in Achet-Aton.*

die Tempel Amuns, die dunkel waren, der Gott in einem heiligen Schrein eingeschlossen, nur den Priestern zugänglich. In Achet-Aton ist der von allen verehrte Gott allzeit allgegenwärtig. Natürlich finden auch alle religiösen Rituale, wie die täglichen Opferungen, unter freiem Himmel statt. Echnaton selbst bringt die meisten Opfer dar.

Später werden Gesandte aus unterworfenen Ländern sich beklagen, dass sie so viele Stunden im grellen, gleißend heißen Sonnenlicht stehen müssen. Viele überleben die Anstrengung nicht. Ihre Herrscher sind entsetzt über die Verluste bei den Ritualen zu Ehren des Sonnengottes.

Zweimal täglich fahren König und Königin, oft begleitet von ihren Töchtern, über die Königsstraße zum Opfern in die Tempel. Manchmal benutzen sie dafür Sänften (▶ 55), aber meistens bevorzugt Echnaton das relativ neu eingeführte, sonst nur für Kampfhandlungen benutzte Pferdegespann. Zahlreiche Abbildungen in den Gräbern von Amarna belegen das. In rasendem Tempo, so scheint es, fährt er die breite, staubige Straße entlang. Nofretete immer an seiner Seite. Zu beiden Seiten der Straße jubelnde Menschen, die Arme hochgereckt, andere strecken dem Paar ihre Hände in ehrfürchtiger Gebetshaltung entgegen.

Diese Auftritte sollen dem Volk die alteingeführten Feste ersetzen. Jeden Tag

Rang oder gar nicht in ihren Diensten standen. In Achet-Aton bekommen sie bedeutende Positionen. Zum Beispiel der Bürgermeister. Seinen Dank drückt er mit seinem Namen aus, übersetzt heißt der »Echnaton hat mich geschaffen«. Und der königliche Kanzler Mai schreibt: »Ich war ein Mann niedriger Herkunft ... aber der Prinz setzte mich ein, er erlaubte mir zu wachsen.«

Alles ist für die Ankunft des Pharaos vorbereitet: allem voran die beiden Tempel. Allein der kleinere Hwt-Aton ist so groß wie der große Gempa-Aton in Theben. Der größere, Per-Aton, gigantisch, alles dominierend: 730 m lang, 230 m breit, bestückt mit zweimal 365 Altären. Speisen, Getränke und Blumen in Fülle werden hier täglich geopfert. Draußen wehen mehr Fahnen als in allen Tempelanlagen von Karnak zusammen. Alles ist mit noch mehr Gold und Farbenpracht dekoriert. Die Räume sind nach oben offen, dem Sonnengott geweiht. Nicht wie

55 Echnaton, Nofretete und die drei Prinzessinnen in ihren Sänften bei der Prozession über die Königsstraße.

treten König und Königin in Kontakt mit den Menschen, jeden Tag feiern sie im Tempel die Begegnung mit ihrem Gott. Opferung und Verehrung, Erneuerung und Vereinigung. Einzig Echnaton und Nofretete – sie haben sich selbst als gottähnlich, wenn nicht gottgleich installiert – fungieren im Aton-Kult als Mittler zwischen dem Schöpfergott Aton und den Menschen. Keine Priester, keine anderen Götter. Noch nie war eine Religion so stark auf einen Pharao zugeschnitten.

Alle Gräber in Amarna legen davon Zeugnis ab: Wo sonst Szenen aus dem Leben der Verstorbenen zu sehen gewesen sind, werden hier König und Königin in ihrem »Alltag« dargestellt: Im Palast – auf dem Weg zum Tempel – im Tempel – bei der Verleihung des Ehrengoldes. Comicstripartig wird das erzählt, in Variationen immer dasselbe. Als ob etwas eingetrichtert werden soll.

Wenn man die schwer zu erwirkende Möglichkeit hat, die Felsengräber zu betreten, ist die Begegnung mit den Abbildungen darin überwältigend. Normalerweise sind sie streng bewacht von Beduinen mit Gewehren, nachdem immer wieder Stücke aus den Wandgemälden heraus gebrochen wurden. Für die Dreharbeiten zu der Fernsehdokumentation »Nofretete oder das Geheimnis von Amarna« konnten wir alle 15 zu-

gänglichen Gräber besichtigen. (▶ 57, 58) Jedes war mit einer dicken Eisentür verschlossen und musste mit einem eigenen Schlüssel geöffnet werden. Nicht alle hatten Licht. Aber alle waren faszinierend und bargen immer neue Überraschungen, vor allem die, dass die Darstellungen viel

56 Beduinen bewachen die Gräber in El-Amarna.

besser erhalten sind, als wir erwartet hatten. Manche waren sogar farbig, oftmals noch mit erhaltenen Gesichtern von Echnaton und Nofretete.

Schon im Museum in Kairo hatten wir gesehen, dass auch bei anderen Darstellungen und Objekten aus der Amarna-

Zeit das Herrscherpaar in dieser alles dominierenden Weise dargestellt ist: ob auf Reliefs oder auf Hausaltären. Besonders eindruckvoll, vor allem wegen der Farbenpracht ist derjenige Altar, der bei der Fundteilung 1912 so eine entscheidende Rolle gespielt hat. An prachtvollen Altären wie diesem haben die »oberen Zehntausend« in ihren Villen Gott Aton verehrt. Und immer sind Echnaton und Nofretete die Opfernden.

Eins der eindrücklichsten Kunstwerke aus dieser Zeit ist ein Fragment, das auf sehr bewegende Weise die Verbindung von Nofretete und Echnaton zeigt: ein Paar Hände (▶ 59), die sich gegenseitig halten. Für die Forschung ist klar, dass die untere Hand, die Hand, die die andere hält, die kleinere Hand, also, nach allen physiologischen Merkmalen, die Hand von Nofretete ist. Man ist versucht, dieser Darstellung nicht nur eine kultisch-reli-

57, 58 *Die Felsengräber bei Tell El-Amarna beherbergen Darstellungen aus dem Alltag des Königspaars.*

59 *Das Fragment zweier Hände wird dem Königspaar Echnaton und Nofretete zugeschrieben.*

Drehung sind sie einander zugewandt und haben die Strahlen des Sonnengottes Aton direkt über sich. Mit erhobenem Kopf hält Nofretete ihrem Gemahl die Lippen zum Kuss entgegen. Öffentlich, ohne Scham, wird das Privateste in Stolz und Liebe offenbart. Das Intimste, Zusammengehörigkeit und Sexualität, sie gehören jetzt zum ideologisch-religiösen Programm.

Wir haben schon gesehen, wie Nofretete in der späteren Karnak/frühen Amarna-Zeit zum Spiegel ihres Mannes wird. Sie ist dabei kleiner als er und steht immer hinter ihm. Als besondere Auszeichnung trägt sie, wie noch keine Königsgemahlin vor ihr, die dem König vorbehaltene Chathaube: Durch so eine Ähnlichkeit nimmt sie an seiner Göttlichkeit teil.

Die bis dahin feste Abfolge der hintereinander stehenden Hauptpersonen ändert sich dann in Amarna spätestens zur Entstehungszeit der so genannten Petri- oder Familienstele (▶ 61).

giöse und politische Dimension beizumessen, sondern auch eine persönliche. Das Verhältnis zwischen den beiden, so wird nahe gelegt, definiert sich so, dass Nofretete Echnaton stützt und hält. Immer wieder finden sich in den Texten und Hymnen des Pharaos Liebesbekundungen seiner schönen Gemahlin gegenüber, Worte der Verehrung und Anerkennung, Hymnen auf ihren Liebreiz und ihre Ausstrahlung.

Als Ausdruck von Nähe und Zuneigung – auch wenn man alle von Echnaton intendierten ideologischen Aussagen ins Kalkül zieht – kann ganz sicher auch die so genannte Kussszene (▶ 60) gesehen werden. Im offenen Wagen stehen sich König und Königin bei schneller Fahrt gegenüber. Die kaum bekleideten Körper dicht beieinander. In einer

60 *Nofretete und Echnaton: Der Kuss im Streitwagen aus dem Grab des Mahu kann als Ausdruck von Nähe und Zuneigung interpretiert werde.*

Hier sitzt Nofretete Echnaton unter den Strahlen Atons auf Augenhöhe gegenüber. Und genauso wie Echnaton hat die Königin einen erkennbar rechten und einen linken Fuß: Bisher waren in den seitlichen Darstellungen beide Füße gleich. Außerdem wird Nofretete in hervorgehobener Position dargestellt: Echnatons Thron ist nur mit geometrischen Zeichen verziert und ansonsten leer. Nofretete sitzt auf dem »bedeutenderen«, weil reich mit den Pflanzen Ober- und Unterägyptens geschmückten Thronsessel. Dietrich Wildung, der ehemalige Direktor des Ägyptischen Museums, interpretiert das als Hinweis darauf, das Nofretete stärker mit den politischen Angelegenheiten des Landes beschäftigt war, während Echnaton sich mehr um Religion und Philosophie kümmerte.

Das Besondere an dieser Stele aber sind die Kinder. Nach den Inschriften Meretaton – in den Armen ihres Vaters – Meketaton, die auf den Knien ihrer Mutter balanciert – und Anchesenpaaton, die sich an die Schulter ihrer Mutter lehnt und mit einer Hand nach dem Kopf der Uräusschlange greift, der von Nofretetes blauer Krone herabhängt. Nach der Typologie der Figuren – überlange Gliedmaßen, nackter dicker Bauch, etc. – gehört die Stele noch in die relativ frühe Zeit der Amarna-Epoche. Der besondere Stil dieser Kunst ist hier hervorragend ausgeprägt: diagonale (Blick)achsen, Dynamik der Bewegung – von den kindlichen Gesten bis zu den fliegenden Bändern – die Betonung von Innigkeit und realistischen Alltagsszenen. Weder vorher noch nachher wird in der altägyptischen Kunst so gearbeitet, ist so eine bewegte und bewegende Darstellung zu finden.

Die Familie des Herrscherpaares, in der Religion Echnatons, in dem neu-

61 *Die so genannte Petri- oder Familienstele zeigt Nofretete, Echnaton und die drei ältesten Töchter.*

en Mythos, den er schafft, spielt sie eine zentrale Rolle. Die Familie des Pharaos wird zur Heiligen Familie. Sie wird zum Ausdruck der Schöpferkraft Atons. Wer, wenn nicht die Familie, ganz besonders die Kinder, sind Symbol für Fruchtbarkeit, stehen für die Zukunft, gutes Gelingen, das Wirken der Natur.

Zum anderen konnte von einer solchen Familie immerhin ein gewisser Trost ausgehen, den die neue Religion Echnatons nicht mehr bot. Seine Religion war ja gekennzeichnet durch den Verzicht auf viele Götter, die seinen Untertanen bei der Bewältigung von Alltagsproblemen halfen. Dass in Amarna trotzdem weiterhin auch Hausgötter wie Bes (männlicher Beschützer der gebärenden Frauen), Beset und Thoeris (schwangere Nilpferdgöttin die den Kinderlosen die Babys brachte/Göttin der Geburt) verehrt wurden, steht auf einem anderen Blatt.

Es fällt schwer zu glauben, dass diese Abbildung keine spontane »Momentaufnahme« ist – was zwar ein heutiger Ausdruck aber ein typischer Zug der Amarna-Kunst ist – sondern ein gestelltes Bild, eine Inszenierung um Echnatons religiöse Überzeugungen wiederzugeben. Die meisten Wissenschaftler gehen davon aus, dass diese Szene beides war: Darstellungen einer wirklich liebevollen Intimität, aber auch programmatisch-künstlerische Äußerung. Eine Art optische Propaganda, ein Bildprogramm, das als Belehrung allen, auch den weniger gebildeten Menschen, verständlich war.

Für manche Forscher steht die Szene aber auch für das Bewusstsein eines wundervollen Lebens im Hier und Jetzt. Für ein Feiern des Schöpfergottes und seines Werkes. So wie es an anderer Stelle Tier- und Pflanzendarstellungen tun.

Nach Barry Kemp, er gräbt seit 1977 systematisch in Amarna, war die Stadt voll Schönheit, nicht nur in den Dekorationen der Gebäude, sondern auch durch die in den Darstellungen überall präsente Natur. Herrliche Gebrauchsgegenstände aus Fayence (feinere Tonware) (▶ 62), dekoriert mit Fischen und Alraunen, Lotusblüten und Vögeln, Kornblumen, Granatäpfeln und vielem anderen geben davon Zeugnis. Ein Höhepunkt: der Fußboden aus dem Wohn-Palast der königlichen Familie in der Nähe des Nil.

Der ganze Palast muss wunderschön gewesen sein. Immer wieder haben Ausgräber und Ägyptologen Entwürfe davon gemacht, wie er ausgesehen haben könnte. Auf den Abbildungen in den Amarna-Gräbern (▶ 63) sind viele Details des Anwesens zu erkennen: die ungeheuren Zimmerfluchten und das Mobiliar, die privaten Gemächer und die Vorratsräu-

62 *Die Fayencescherbe mit der Darstellung von Rindern und Pflanzen befindet sich heute im Musée du Louvre in Paris.*

me, die Wasserbecken und bunten Kioske, die Säulenhöfe, Bäume, Sträucher und Pflanzen. Auch die verschiedenen Tätigkeiten, dies alles zu erhalten, sind festgehalten; das Putzen und Bereitstellen von Speisen und Getränken, das Kochen und das Dekorieren.

Verbunden war dieser private Palast mit den offiziellen Gebäuden durch eine Brücke, von der heute immer noch Reste erhalten sind.

Hier also hat sie gelebt, die schöne Pharaonenkönigin. Lange Jahre gemeinsam mit Echnaton, nah dem kleineren der beiden Tempel und den Gebäuden für die königliche Verwaltungsarbeit, die, wie viele glauben, Nofretete geleitet hat.

Wie mag der Tagesablauf der Königin ausgesehen haben? Von anderen altägyptischen Abbildungen und Texten weiß man: Baden, Salben, Schminken, Körperpflege jeder Art hat eine große Rolle gespielt. Und bei der Bedeutung, die Schönheit für Nofretete und Echnaton hatte, wird ein umfangreiches Pflege-

programm bei ihr noch in viel größerem Maß der Fall gewesen sein. Duftflakons sind ebenso zahlreich gefunden worden wie Kosmetik, z.B. Kajalgefäße. In Berlin gibt es einen Schminkbehälter mit Nofretetes Namen darauf.

Als junge Frau muss Nofretete sehr schlank gewesen sein, die Bewegungen anmutig. Später, nach mindestens sechs Geburten, wird sie etwas rundlicher, die Hüften breiter. Es ist anzunehmen, dass Nofretete, wie andere Frauen ihrer Zeit in Ägypten, einen kahl geschorenen Kopf hatte: bei Hitze, Ungeziefer und den schweren Perücken und Kronen, die sie getragen hat, sicher eine praktische Lösung.

Neben der schon erwähnten schweren, dreigeteilten Perücke, die Nofretete in Karnak trug und den verschiedenen leichteren, gestuften Perücken, wurde sie vor allem mit der »nubischen« Perücke dargestellt. Einer kurz geschnittenen, lockigen Form, im Nacken hoch und kurz, an der Seite etwas länger, die eigentlich Männern, vor allem Soldaten vorbehal-

63 *Im Grab von Meryra I. in El-Amarna ist das Palastinnere von Achet-Aton wiedergegeben.*

ten war. Nofretete hat sie für sich annektiert.

Ihre Kleidung: meist lange Gewänder aus so leichtem Material (▶ 64), dass sie die Körperformen deutlich erkennen ließen. So jedenfalls die Darstellungen! In Karnak waren es noch unter der Brust geknotete Oberteile oder lediglich sehr eng anliegende Kleider, die die Figur in allen Details betonten. In Amarna sind es dann entweder vorn offen stehende oder tatsächlich vollkommen transparente Kleidungsstücke. Bauch, Brüste, Hüften, sogar Schamhügel sind deutlich zu erkennen. Manchmal ist nur an einer dünnen Linie am Hals oder den Oberarmen zu erkennen, dass sie überhaupt etwas an hat.

Da das Material der damaligen Zeit Leinen war, ist kaum anzunehmen, dass die Kleidung

von Nofretete wirklich derartig transparent war. Auch die Temperaturen in der Ebene von Amarna dürften eine solche Garderobe unmöglich gemacht haben. Die Deutung der Forschung: Diese Erscheinungsweise diente nicht nur der stolzen Darstellung und dem Sichtbarmachen von Nofretetes einmaliger Schönheit und sexuellen Attraktivität: »Schön von Angesicht. Herrin der Freude. Mit Liebreiz begabt, Groß an Liebe«, wird sie in den Texten Echnatons für die Grenzstelen gerühmt. Die künstlerisch so sehr betonte Weiblichkeit symbolisier-

te darüber hinaus Nofretetes Rolle im Zusammenhang mit dem Schöpfergott Aton. Die Königin: eine erotische Superfrau, ein lebendes Fruchtbarkeitssymbol.

Wie wir schon bei der Beschreibung der Berliner Büste gesehen haben, stehen auch die Kopfbedeckungen, mit denen Nofretete abgebildet ist, immer in einem bestimmten symbolischen oder ideologischen Zusammenhang. Am häufigsten ist sie in der Amarna-Zeit mit der blauen, oben abgeflachten Krone dargestellt, die sozusagen als die Nofretete-Krone gilt. Für viele Forscher ist sie das – gleich-

64 *Die Kleidung des königlichen Paares, hier in einer Darstellung aus dem Grab des Ipi, scheint aus so transparentem Material zu sein, dass sich die Körperformen durchzeichnen.*

geschmückte Krone. Auch Echnaton trägt sie, aber bei ihm ist sie noch üppiger ausgestattet. Nofretetes Krone besteht aus der Sonnenscheibe und zahlreichen Uräusschlangen, Straußenfedern, Widder- und Stierhörnern. Eine traditionsreiche Königskrone. Vor ihr hat sie, so die Forschung heute, nur einmal eine Königin getragen: Hatschepsut als weiblicher Pharao.

Neben den offiziellen Darstellungen gibt es auch einige wenige »private«. Nie zuvor war

rangige – Pendant zu Echnatons blauer Herrscherkrone. Andere erinnert sie an die Kopfbedeckung der Göttin Tefnut.

In der Frühzeit in Karnak ist Nofretete sehr oft mit der Federkrone abgebildet. Manchmal sind es auch Doppelfedern mit der Sonnenscheibe zwischen den Hörnern: ein Bezug auf Hathor und den Kult des Sonnengottes Re.

In diesem Zusammenhang sei aber auch noch einmal das Kopftuch des Königs Chat erwähnt, das offenbar auch ihr zusteht. Außer bei Nofretete sind bisher vor allem Darstellungen von Teje, der Gemahlin von Amenophis III., mit dieser Kopfbedeckung bekannt und von den Göttinnen Isis und Nephtys.

Und schließlich gibt es in Amarna noch die Atef-Krone (▶ 65), zwar nur ein einziges Mal dargestellt, aber noch sehr gut und eindruckvoll erhalten – im Grab des Panehessi. Eine wundervolle prächtig

es Künstlern gestattet, »Aufnahmen« in den privaten Palasträumen des Pharao zu machen. Bei Echnaton ist das anders: Neben den schon beschriebenen Darstellungen der Räume in den Felsengräbern von Amarna gibt es auch Szenen wie »gemeinsames Essen und Trinken«. Beim Besuch der Königinmutter Teje zum Beispiel. Hier sieht man die königliche Familie ganz vergnügt beim Mahl: Echnaton hält einen Fleischspieß, einem Kebab ähnlich, in seinen Händen, Nofretete offenbar eine Gänse- oder Entenkeule. Auf den Tischen daneben Obst, Brot und andere Lebensmittel, Delikatessen im Überfluss. Zwei klein dargestellte Diener sind gerade dabei, weitere Köstlichkeiten zuzubereiten.

Auf einer benachbarten Wand findet sich eine weitere Szene aus dem Privatleben des königlichen Paares: Nofretete

65 *Im Grab des Panehessi sind Nofretete und Echnaton mit der vielstufigen Atef-Krone dargestellt.*

gießt ihrem Mann zu trinken ein. Sie sind unter sich. Es muss Abend sein: Die Sonne ist nicht zu sehen. Eine der ganz wenigen Abbildungen ohne Aton.

Dasselbe Motiv findet sich auch auf einem kleinen Relief in Berlin wieder: Nofretete bewirtet ihren Mann.

Auch aus dem königlichen Palast stammt eine wunderschöne Darstellung mit zwei der kleinen Prinzessinnen (▶ 66), Nefernefruaton-Tasherit und Nefernefru-re, der vierten und fünften der Töchter von Nofretete. Eine reizende Szene. Die beiden sitzen, vollständig nackt aber mit kostbarem Schmuck behängt, auf einem reich bestickten Kissen in einem in herrlich warmen Rottönen gehaltenen Raum.

Nach Barry Kemp ist es der Raum, in dem sich die königliche Familie vor und nach ihrem Auftritt am Erscheinungsfenster aufhielt. Es ist ein Ausschnitt. In der Gesamtszene sitzt Echnaton auf einem Stuhl, vor ihm auf einem prächtigen Kissen Nofretete. Die drei älteren Töchter lehnen sich an sie, während sie die jüngste, Setepenre, im Schoß hält und liebkost. Die beiden Töchter sitzen also zu Füßen der Mutter, spielen ganz natürlich zusammen, einander zärtlich zugewandt, fühlen sich geborgen in der edlen Umgebung.

Eine sehr intime, herzliche Szene. Alles »normal« – wären da nicht die riesigen, hässlich deformierten Hinterköpfe

66 *Aus dem königlichen Palast stammt die Darstellung der zwei Prinzessinnen Nefernefruaton-Tasherit und Nefernefrure, die zu Füßen ihrer Mutter Nofretete sitzen.*

der Mädchen. Weit ausladend, doppelt so groß wie sie in Wirklichkeit und im Normalfall wären.

Noch extremer wirkt die Form bei den Skulpturen, den Portraitköpfen (▶ 67), die von den Mädchen angefertigt worden sind. Jahrelang haben sich die Forscher gefragt, ob die Köpfe aus genetischen Gründen so deformiert oder durch kultische Zusammenhänge in diese Form gezwängt wurden. Unheimlich lang gestreckte Kopfformen, fast abstoßend.

In den letzten Deutungen gilt die Form Forschern als philosophisch-religiös-kultisches Programm, ein Symbol von Fruchtbarkeit. »Es handelt sich offenbar um einen Hinweis auf die Schöpferkraft der Sonne, auf das Mysterium des Entstehens von menschlichem Leben«, sagt Dietrich Wildung. Dorothea Arnold, Direktorin der Ägyptischen Abteilung im Metropolitan Museum New York, wies uns im Gespräch darauf hin, dass an Mumien erkennbar sei, dass die längliche Kopfform in der Familie Echnatons durchaus angelegt sei. Dann erinnert sie

67 *Die Portraitköpfe der Amarna-Prinzessinnen zeichnen sich durch die überlängten und deformiert wirkenden Hinterköpfe aus.*

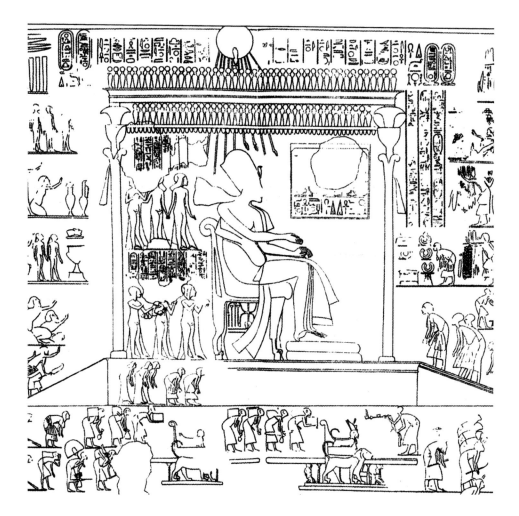

an eine Stelle aus Echnatons Sonnen-
hymnus, die für sie die auch symbolisch
gemeinte Darstellungsform begründet.
Auf dem Höhepunkt des Lobes an den
Schöpfergott beschreibt er die tägliche
Geburt eines Kükens aus einem Ei als
Symbol für den göttlichen Ursprung des
Lebens: »Das Küken in seinem Ei …
geht auf zwei Beinen, wenn es aus dem
Ei kommt.«

Sehr anschaulich ist auch die kleine
Alabasterstatuette einer Prinzessin aus
dem Museum in Berlin.

In den Amarna Gräbern sind die Prinzessinnen immer wie kleine Erwachsene
dargestellt, in Kleidung und Haltung ähnlich wie die Mutter, die Knie meist nach
hinten durchgedrückt und an der Seite des
Kopfes die signifikante lange Haarlocke.

Zusammen mit den sechs Töchtern
wurden Echnaton und Nofretete – im
Bund mit Aton – zur irdischen Ausgabe der
heliopolischen Neunheit, der neun Götter
der Schöpfung, deren Hauptheiligtum sich
in Heliopolis in Unterägypten befand.

Nach verschiedenen Forschermeinun-
gen sind später Meriaton und Meketaton auch Gemahlinnen ihres Vaters gewesen. Umstritten ist dabei, ob das eine
rein funktionelle Heirat war – dass z.B.
Meriaton ihre Mutter bei offiziellen Anlässen vertreten sollte/musste – oder ob

68 *Die Darstellungen des Jubiläumsfestes im Regierungsjahr 12 des Echnaton zeigen noch alle sechs Töchter
des Königspaares.*

es auch zu sexuellen Kontakten kam, gar Kinder daraus hervorgingen.

Wie schrecklich muss es für die Eltern gewesen sein, als Meketaton, die zweite Tochter, frühzeitig starb. Ihr Tod ist frühestens in das zwölfte Jahr von Echnatons Herrschaft zu datieren. In dem Jahr fand ein großes Jubiläumsfest statt, mit Gästen aus vielen Nachbar- oder Vasallenländern. Im Felsengrab von Merire II in Amarna sind auf Abbildungen von diesem Fest noch alle sechs Töchter (▶ 68) anwesend. Beerdigt wurde Meketaton offenbar in Echnatons Königsgrab. Eine anrührende Abbildung zeigt dort in einer eigenen Kammer, eine weibliche Person auf einem Bett liegend, davor die weinenden, verzweifelten Eltern (▶ 69). Vor einigen Jahren war die Inschrift noch deutlich zu entziffern. Danach wurde hier Meketaton betrauert. Die Szene ist zweimal dargestellt: Beide Male streckt Echnaton der hinter ihm stehenden Nofretete die Hand hin, um sie in ihrem Schmerz zu trösten, ein bewegender Anblick.

Es gibt unterschiedliche Thesen zu Meketatons frühem Tod: Für die einen ist sie an der Pest oder einer anderen Krankheit gestorben, die bei dem Fest mit seinen vielen Gästen aus allen möglichen, auch weit entfernten Ländern eingeschleppt wurde. Andere meinen, sie sei im Kindbett umgekommen. Rechts von der Trauerszene stehen ebenfalls trauernde Dienerinnen und Diener und zwischen ihnen wird ein Kind weggetragen. Dass es sich um ein königliches Kind handeln muss, erkennt man an dem Fächer, der über es gehalten wird. Der französische Ägyptologe Marc Gabolde glaubt, von alten Fotos, die noch gut lesbare Hieroglyphen zeigen, ablesen zu können, dass dieses Kind als ein Sohn von Nofretete, genauer als Tutenchamun beschrieben ist.

Auch wenn der Name »Meketaton« sich in dieser Grabkammer als Hieroglyphe findet, manche Forscher spekulieren gern damit, das es sich bei der Toten um Kija, die Geliebte und Nebenfrau von Echnaton gehandelt hätte.

69 *Im Königsgrab von El-Amarna ist der Tod einer jungen Frau dargestellt. Vermutlich handelt es sich um Meketaton, die von ihren weinenden Eltern betrauert wird.*

»Die Gemahlin und große Geliebte des Königs von Ober- und Unterägypten«, wird Kija auf zwei Alabastervasen genannt, die heute im British Museum in London sind. Es gibt wenige Stellen, auf denen ihr Name noch zu lesen ist, sehr oft wurde er nachträglich zerkratzt, ausgelöscht und mit dem Namen von Meritaton überschrieben. Das ist ein möglicher Hinweis darauf, dass sie irgendwann in Ungnade gefallen ist, jedenfalls dem Vergessen übergeben werden sollte. Das ist auch ziemlich lange geglückt. Erst 1959 wurde man ihrer Person und Rolle ge-

70 *Der schöne Kopf aus Berlin wird seit Kurzem als ein Portrait der Kija interpretiert, einer weiteren Gemahlin Echnatons und damit Rivalin Nofretetes.*

wahr, als ein kleines Kosmetikgefäß mit ihrem Namen – aufbewahrt im Metropolitan Museum in New York – bekannt gemacht wurde. Daraufhin haben sich in den letzten Jahren viele Zuordnungen ergeben, wurde das Bild dieser Frau allmählich vollständiger.

Einen Eindruck von ihrer zarten, sanften Schönheit gibt ein Kopf in Berlin (▶ 70), der für manche Forscher – da er schön und sehr ausdrucksvoll gearbeitet ist, aber physiognomisch nicht zur Familie Echnatons und Nofretetes passt – als eine Darstellung von Kija gilt. Die Züge sind etwas runder als bei Nofretete, hübsch und offen, lieblich fast. Das Kinn dagegen wirkt durchaus energisch. Kijas Lippen – ähnlich wie bei Tutenchamun – bilden einen kleinen Schmollmund. Der ganze Kopf ist sehr klein, die plastische Form eher flach.

So gut wie sicher in der Zuordnung sind Köpfe der Kija auf Kanopen Krügen, die in Tutenchamuns Grab gefunden wurden. Sie standen in einer Nische in der Südwand der Grabkammer. Auf den wenigen nicht zerstörten Textfeldern der Gefäße lassen sich die Kartuschen Atons, Echnatons und die Titulatur und der Name von Kija ablesen.

Das hübsche Gesicht mit den großen Augen ist fast völlig erhalten. Über der Stirn sitzt ein (Gold)reif, der wahrscheinlich mit einer Uräusschlange! geschmückt war. Kija trägt – wie in vielen anderen Abbildungen, die man ihr heute zuordnet – die so genannte nubische Perücke: im Nacken hoch geschnitten fällt sie nach vorne ab, ist über und über mit Löckchen bedeckt und fünffach gestaffelt.

Auch eine hübsche Darstellung auf einem Relief zeigt Kija mit dieser Haartracht im Profil. Allerdings ist nicht nur nachträglich ihr Name geändert worden, sondern auch die Frisur. Den Kopf trägt sie hier – ähnlich wie wir es häufig von den Darstellungen Nofretetes kennen – in einer stolz emporgereckten Haltung. Ihr Kinn ist aber deutlich länger, das Lächeln »süßer«, die Nase etwas fleischlicher, die Wangenknochen weniger dominant.

Auf einem Relief im Metropolitan Museum finden sich dieselben Gesichtszüge. Die Frisur ist allerdings völlig geändert. Man sieht Kija hier in einer Reinigungsszene, bei der Wasser – durch Zickzacklinien dargestellt – über sie gegossen wird. Ein Ritual, das auf einen religiösen Kontext weist. Zusammen mit der Hand des Sonnengottes Aton vor ihrem Gesicht könnte das ein Hinweis darauf sein, dass sie in Amarna eine besondere Bedeutung hatte, eine wichtige Priesterin war. Aus anderen Funden geht hervor, dass sei eine eigene Domäne besaß, also anders als die Frauen des Harems autonom war und über ein eigenes Einkommen verfügte.

Wenn die Vermutungen stimmen, dass die berühmten, wunderschönen Lippen, ein kleines Bruchstück aus gelbem Jaspisstein aus dem Metropolitan Museum, zu einer Skulptur von Kija gehören, dann muss sie wirklich eine ungewöhnliche Frau gewesen sein. Noch auf der Hörbuchfassung von Nagib Machfuss Roman »Echnaton« (2004) sind sie als die Lippen des Pharao dargestellt, aber schon 1996 hat Dorothea Arnold die These aufgestellt, dass sie Kija zuzuordnen sind. Das Material ist ein sehr seltener Stein, die Ausführung überaus edel, der Fundort aufschlussreich: Maru-Aten, eine Tempelanlage, ja ein Heiligtum als »landscape enclosure« (Parklandschaft) mit Bäumen und Teichen im Süden von Amarna. Dorothea Arnold vermutet, dass das Fragment Teil einer überlebensgroßen Statue gewesen ist, die im heiligsten Bezirk dieses Tempels stand. Kija wäre dann eine sehr hochrangige und mächtige Frau gewesen.

Allerdings gibt es für diese Thesen bislang keine umfassenden Belege. Man darf gespannt sein, was aus dem Sand von Amarna noch ans Tageslicht kommt.

Ihr Wohnort könnte auch der Nordpalast gewesen sein. Hier hat man den Namen von Meritaton auf vielen Objekten gefunden, auf denen vorher ein anderer Name ausgekratzt worden ist. War das der Name »Kija«? Was hat sie getan, dass versucht wurde, die Erinnerung an sie auszulöschen?

Jedenfalls hatte sie Kinder. Für viele ist sie die Mutter von Tutenchamun. Das ist allerdings nicht bewiesen. Sicher ist dagegen, dass sie mindestens eine Tochter hatte (von Echnaton?). Das Fragment einer Szene gilt als Beleg: Kija küsst ihre Tochter (▶ 71).

Auch auf einer großen Stele im Museum in Kairo sieht man Kija mit einer Tochter. Hier steht sie unter dem Strahlen-Aton hinter Echnaton, erklärt uns der ägyptische Amarna Experte Hassan Se-

lim, während die beiden Töchter Nofretetes, Meriaton und Anchesenpaaton, in demütiger Kniebeugung (Proskynese) vor ihnen auf dem Boden liegen.

Auch der deutsche Wissenschaftler Erik Hornung spricht von einem deutlichen Rangunterschied.

Die Herkunft von Kija ist ungewiss. Wieder einmal taucht die Vermutung auf, sie sei eine mitannische Prinzessin gewesen. Nachweisen lässt sich diese Vermutung bis heute nicht.

Auch Kija verschwindet im Jahre zwölf der Regierungszeit von Echnaton von der offiziellen Bildfläche. Wie Nofretete, wie Meketaton. Ob sie, wie Spekulationen behaupten, in Intrigen verwickelt war, eiskalt und berechnend – wer kann das wissen?

Dass nicht alles eitel Glück und Sonnenschein in Amarna war, davon zeugt eine Statue der Nofretete (▶ 72, 73) – die einzige erhaltene – die sich heute in Berlin befindet. Manche deuten sie als

71 *Kija küsst ihre Tochter auf diesem Relieffragment im New Yorker Brooklyn Museum.*

schwangere Frau. Andere meinen, dass sie als alte Frau – mit Ende dreißig! – dargestellt ist. Müde sieht sie aus, vor allem das Gesicht, aber auch der Nacken ist gebeugt. Arme und Schultern hängen herab, Brüste und Oberschenkel sind schlaff. Tiefe Falten an den Mundwinkeln geben den Zügen einen Ausdruck von Bitterkeit. Die Schönheit scheint noch durch, Strahlen und Glanz aber sind dahin. Es muss viel passiert sein in den Jahren von Amarna.

72, 73 *Die Statuette der Nofretete wird von einigen Forschern als schwangere Frau interpretiert. Wahrscheinlicher erscheint es u.a. Dorothea Arnold, dass es sich hier um eine Darstellung der gealterten Nofretete handelt.*

EINE KÖNIGIN ALS HERRSCHERIN?
Echnaton, Nofretete und ihre Nachfolger

Noch einmal ein Kopf: Nofretete aus Granit (▶ 74). Ein Material, das in der Amarna-Epoche eher selten benutzt worden ist. Später, in der Zeit des Tutenchamun in Theben, wird Granit wieder häufiger verwendet. Es gibt noch einen anderen Beleg dafür, dass dieser Kopf aus einer späteren Phase stammt – neben dem Phänomen, dass er – wie so viele andere von denen, die 1912 gefundenen wurden – nicht beendet worden ist. Er stammt aus dem zuletzt fertig gewordenen Haus, dem dritten und kleinsten der großen Anlage von Thutmosis Werkstatt, ist also wohl ein Werkstück. Manche Forscher vermuten, dass er die Arbeit eines der jüngsten Mitarbeiter und Künstler war, die hier tätig waren.

Das Gesicht wirkt monumental, majestätisch, auf eine bisher nicht bekannte Art entrückt, unnahbar. Ein Entwurf, dessen Augen – sie sind kleiner als bei allen anderen Nofretete Köpfen – nur angedeutet sind. Die unteren Augenlider fehlen ganz, die Übergänge von den Wangen zu den Augen sind wenig betont. An den Seiten des Gesichtes finden sich Striche: Hier sollten wohl noch Änderungen vorgenommen werden. Die Lippen des bereits vollkommen ausgearbeiteten Mundes

hingegen sind rot angemalt. Dieser ist – anders als bei bisherigen Darstellungen – größer im Verhältnis zu den Augen, das immer so harmonische Gleichgewicht ist verschwunden. Es entsteht eine Spannung zwischen den schmalen Augen und dem mächtigen, dominant ausgearbeiteten Mund. Die amerikanische Ägyptologin Dorothea Arnold postuliert eine Ähnlichkeit zu einem Amun-Kopf, der nachweislich in Theben entstanden ist. Dieselben Augen, dasselbe Material, dieselbe Haltung. Wenn das stimmt, dann muss Nofretete zum Ende der Amarna-Zeit wieder mit eher nicht individuellen Zügen dargestellt worden sein. Warum wissen wir nicht.

74 *Der Granitkopf der Nofretete ist einer der wenigen Belege für die Verwendung dieses Materials für Portraitköpfe der Amarna-Zeit.*

Es gibt auch Hinweise darauf, dass dieser Kopf Teil einer Statue war und zwar nicht einer Komposit-Statue – also aus verschiedenen Materialien zusammengesetzt – wie sonst in Amarna üblich. Dafür spricht, dass am Halsansatz nicht wie in anderen Fällen ein Zapfen zur Verankerung zu finden ist, sondern die Stelle wie abgebrochen wirkt. Außerdem hat eine Mitarbeiterin von Barry Kemp, Kristin Thompson, Bruchstücke aus demselben Material in der ganzen Gegend verstreut gefunden und seit Jahren zusammengesetzt. Der Körper zu dem Kopf? Weit über 200 Fragmente hat sie bisher identifiziert. Bei einer »Anprobe« des Berliner Kopfes konnte sie belegen, dass er tatsächlich auf den bisher von ihr zusammengesetzten Torso gehörte.

Nach weiteren Vermutungen könnte es sich bei der Gesamtkomposition um eine lebensgroße Doppelstatue von Nofretete und Echnaton gehandelt haben.

Eine neue Form also, die eine Reihe von offenen Fragen aufwirft:

Dass der Kopf nicht fertig geworden ist, bedeutet das, dass Nofretete kurz danach starb oder nach Theben ging bzw. schon dort war? Und bedeutet der neue, andere Ausdruck in dem Gesicht eine künstlerische Fortentwicklung oder, wie schon so oft gesehen, dass eine neue politische Situation ikonographisch ausgedrückt wurde? Hat Nofretete zum Beispiel eine neue Position bekommen, eine neue Rolle inne? Nofretete die Mächtige?

Wenn es stimmt, dass der Kopf aus einer späteren Zeit Amarnas stammt, dann scheint es unwahrscheinlich, dass Nofretete im Jahre zwölf der Regentschaft Echnatons vollkommen von der Bildfläche verschwand. Es wurde lange Zeit angenommen, dass Nofretete zu dieser Zeit starb, vertrieben wurde oder sich vollkommen zurückziehen musste. Die Spekulationen dazu waren oft geradezu abenteuerlich: Ist sie in Ungnade gefallen? Wurde sie verbannt? Ist sie an der Konkurrentin Kija gescheitert? Hat sie sich politisch widersetzt? Ist sie eine fatale Beziehung eingegangen? Hat sie die Revolution gegen ihren Mann ausgerufen?

Die heute gängigste wissenschaftliche These spricht von einem Verschwinden von der »offiziellen« Bildfläche. Dem liegt die Vermutung zugrunde, dass Nofretete an der Seite von Echnaton zu einer Art Mitregentin wurde und Meritaton deshalb in der Rolle der königlichen Gemahlin auftrat. Belege gibt es nicht, aber einige Abbildungen oder Ableitungen, die dafür zu sprechen scheinen. Etwa eine Scherbe, die das Fragment einer interessanten Darstellung zeigt. Nofretete legt Echnaton das Ehrengold um (▶ 75). Wenn das nicht nur eine häuslich-familiäre Szene sein soll, was bei der politischen Programmierung der Bilder, wie wir gesehen haben, nicht unbedingt anzunehmen ist, dann war sie im selben Rang wie er und in der Position, Auszeichnungen zu verleihen. Oder noch ein anderer Gedanke: In Tempelreliefs früherer Zeit gab es Szenen, in denen ein Gott durch den König mit einem Schulterkragen bekleidet wurde. Die Rolle des Königs übernimmt hier Nofretete. An Stelle des Gottes steht Echnaton.

In anderem Zusammenhang ist ja schon deutlich geworden, dass Nofretete immer aktiver wird, wie am Ehrenfenster im Grab des Eje. Auch dass sie es ist, die auf dem scheinbar wichtigeren Thronsessel sitzt wie auf der Petri-Stele. Es ist der Sessel mit den Symbolen der beiden vereinten Königreiche – Lotus und Papyrus – so als ob sie die politische Verantwortung hätte, während Echnaton, auf dem undekorierten Thron, eher für Religion und Philosophie, den theoretisch-geistigen Hintergrund der Politik zuständig

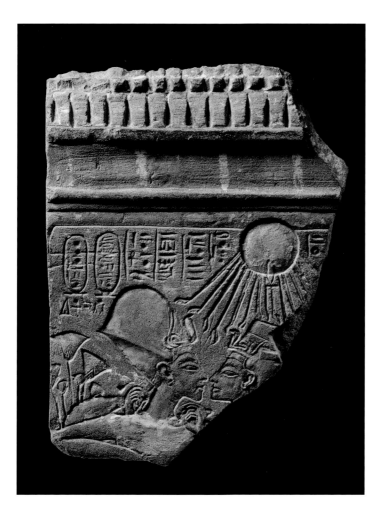

cholas Reeves, John R. Harris und Julia Samson haben nun bei einer Durchsicht der 1891–92 in Amarna gefundenen Ringköpfe aus Fayence festgestellt, dass die Inschriften nicht die übliche maskuline Form dieses Epithetons hatten, sondern dass ausdrücklich die weibliche Form benutzt wurde, also Anchetcheprure und folgern, dass vom Zeitpunkt des Verschwindens Nofretetes als Königsgemahlin sie weiterhin existierte – und, und das ist die Überraschung: als Mitregentin!

Für diese Forscher sind auch die Feierlichkeiten im zwölften Jahr der Herrschaft Echnatons und

gewesen sei. Es gibt auch noch eine dritte Abbildung, auf der sie die Zügel in der Hand hält, buchstäblich sogar. Als alleinige Lenkerin eines Pferdegespanns.

Vor allem vom Namen bzw. den Namen her wird heute abgeleitet, dass Nofretete Echnatons Mitregentin war. Als Name einer solchen Person taucht in den letzten drei Jahren von Echnatons Herrschaft nämlich immer wieder auch Anch(et)cheprure-Neferneferuaton auf. Schon im Jahre fünf war Nofretetes Name ja mit Neferneferuaton ergänzt worden (»schön ist die Schönheit des Aton«). Jetzt wurde dieser Zusatz also mit einem anderen (Vor-)Namen ergänzt. Ni-

die damit verbundene große Versammlung von Volk und Abgesandten aus vielen Ländern durch den Anlass begründet, dass Nofretete in eben diesen Rang erhoben wurde.

Nicholas Reeves findet noch mehr Hinweise für eine Mitregentschaft: Er deutet auch Grabdarstellungen in denen beide in einer Art Doppellinie, bei der sich die Abbildung überlagert, dargestellt sind – wie im Grab Meire II – in diesem Sinne. Und schließlich zieht er die auffälligen Anhäufungen von Kartuschen heran. Zum Beispiel ein sehr kleines Fragment aus Berlin (▶ 76). Es zeigt offenkundig Nofretete und Echnaton in der üblichen

75 *Ein Reliefbruchstück zeigt Nofretete, die Echnaton das Ehrengold umlegt. Anhand dieser Darstellung lässt sich die Bedeutung und Position der Nofretete diskutieren.*

76 *Dieses Opferungsfragment zeigt Nofretete und Echnaton mit vier leeren Kartuschen. Die letzte wirkt wie nachträglich eingefügt, was für die englischen Ägyptologen Harris und Reeves ein Zeichen für den Aufstieg Nofretetes zur Mitregentin ist.*

Für die meisten Forscher ist die Stele ein Beleg für einen Mitregenten. Aber war das wirklich Nofretete oder ein gewisser Smenchkare, der vielen als möglicher erster Nachfolger Echnatons gilt?

Auch hier sind die Kartuschen leer geblieben und so gab das Abbild für mancherlei Deutungen Anlass: Die liebevolle Geste lässt bei vielen – mit Schaudern – die Vorstellung aufkommen, dass Echnaton homosexuell gewesen sein könnte. Die wieder mal fast transparenten Gewänder lassen jedenfalls kaum weibliche Formen erkennen. Dennoch ist es ein eigentlich naheliegender Gedanke – zugegeben aus heutiger psychologischer Sicht – dass es eine Frau ist, die ihn unter dem

Weise hintereinander stehend bei einer Opferung. Allerdings sind statt der üblichen drei Kartuschen für König und Königin über ihren Köpfen hier vier Kartuschen eingesetzt, die letzte wirkt wie später hinzugefügt, geradezu eingequetscht. Für den englischen Ägyptologen Harris und seinen Schüler Reeves eine klare Aussage: Im Laufe der Zeit hat sich der Status von Nofretete von einer Königsgemahlin zu einer Mitregentin gewandelt. Leider sind die Kartuschen leer geblieben.

Auch ein anderes Fragment, das seit langer Zeit – auch heute noch – für viel Phantasie und Unklarheit in der Forschung sorgt, wird in ähnlicher Weise gedeutet: Es ist die Stele des Offiziers des Heeres, Pasi (▶ 77). Hier sind zwei nebeneinander sitzende Personen dargestellt, beide gekrönt, also offensichtlich Könige.

77 *Die Stele des Offiziers Pasi zeigt zwei gekrönte Könige und sieben leere Kartuschen.*

Kinn krault, während er ihr die Hand auf ihre Schulter legt, in vertrauter Nähe und Zärtlichkeit. Also ist es doch Nofretete?

Interessant ist jedenfalls die Haltung »auf Augenhöhe« und »face to face«. Eine vergleichbare Darstellung findet sich auch bei einer anderen Arbeit, die schon seit einigen Jahren als möglicher Beleg für eine Art Ko-Regentschaft von Echnaton und Nofretete angesehen wird, die sogenannte Wilbour Plakette (▶ 78) im Brooklyn Museum in New York. Hier sind die beiden einander gegenüber abgebildet. Beide sind nicht mehr jung. Eine kleine Falte zeigt sich im Mundwinkel Nofretetes und eine weitere zieht sich von ihrem Nasenende zum Mundwinkel. Ihr Gesichtsausdruck ist, wie Dorothea Arnold schreibt, »erwachsen, gereift, kraftvoll und mit dem emporgereckten Kinn sogar energischer als Echnatons«. Beide sind mit einer Uräusschlange geschmückt. Wenn man genau hinsieht, scheint Echnatons Schlange tatsächlich

in »remote serenity« (»weltentrückt und abgeklärt«) gelassen aufrecht zu stehen, während Nofretetes Schlange wie vor einem Angriff, also in einer aktiven Handlung, sich gerade leicht zurückbiegt.

Interessant und faszinierend sind die Thesen, aber bisher eben auch nicht mehr als Mutmaßungen. Archäologische Beweise dafür, dass Nofretete Mitregentin war, gibt es bisher nicht.

Gesichert ist die besondere Bedeutung, die Nofretete als Priesterin (s. S. 53f.) und als gottähnliche Person hatte. Noch einmal gesteigert wird diese Rolle im Königsgrab von Achet-Aton.

Dem Königsgrab kam eine zentrale Rolle zu. Es liegt 20 Fahrminuten entfernt in einem Tal des Gebirgszuges, der parallel zum Nil hinter Amarna entlang läuft (▶ 79). Echnaton hatte es so bauen lassen, dass alle wichtigen Punkte in der Stadt sich wie Strahlen in ihm bündelten, in ihm zusammentrafen. Es war wie auch die anderen Gräber in Amarna nach Osten ausgerichtet, nicht wie sonst üblich nach Westen, dem Totenreich entgegen. Steil führt im Grab der Hauptweg nach unten – mit zwei Abzweigungen. Eine leitete, wie schon gesehen, zur Grabkammer für Meketaton. Die andere, mit sechs Kammern, ist nie fertig geworden. Waren sie für Nofretete gedacht? Für Kija? Sollten auch diese Kammern wie die Hauptkammer mit Abbildungen und Opferszenen des Sonnengottes geschmückt werden?

Obwohl Echnatons Religion die Vorstellung vertrat, dass das Leben nach dem Tod im Sonnengott bruchlos weiterging, wurde er selbst offenbar doch ebenso einbalsamiert wie seine Vorfahren und von den üblichen Grabbeigaben begleitet. Unter anderem von zahlreichen Uschebti-Figuren, menschenähnlichen Tonfigürchen, die dem Verstorbenen ins Grab beigegeben wurden, um für ihn Arbeitsleistungen im Jenseits zu verrichten. Der größte Teil des Grabinventars ist allerdings verschwunden. Grabräuber waren ebenso aktiv wie Widersacher

78 *Auf der so genannten Wilbour-Plakette aus dem Brooklyn Museum in New York sind die Köpfe von Nofretete und Echnaton einander gegenüber und mit sehr unterschiedlichen Haltungen dargestellt.*

des »Frevlers«. Die wichtigsten Teile der Grabbeigaben wurden jedoch noch rechtzeitig von Getreuen nach der Aufgabe von Amarna nach Theben verbracht. Viel von dem, was sich im Königsgrab befunden hatte, wurde hier 1907 im so genannten KV 55 entdeckt, nicht alles konnte bisher zugeordnet werden.

Echnaton ist nach der Weinernte im Jahre 17 seiner Herrschaft gestorben. Das geht aus Inschriften hervor. Man nimmt an, dass es das Jahr 1334 v. Chr. gewesen ist.

Im Kairoer Nationalmuseum steht ein prächtig geschmückter, goldener Innensarkophag mit ausgekratzter Namenskartusche auf der Oberseite. Er ist möglicherweise, so ein Großteil der Ägyptologen, der Sarkophag von Echnaton. Andere Forscher vermuten hingegen, dass er der Sarkophag von Teje oder von Smenchka-

re sein könnte. Dazu gehört ein äußerer Steinsarkophag aus rosa Granit, der ebendort im Garten steht. Das Besondere: Nofretete ist auf diesem Sarkophag als Göttin (▶ 80) dargestellt, die mit ausgebreiteten Armen die vier Ecken des Sarkophages bewacht, umhüllt, umarmt und somit symbolisch den Körper des Königs in seinem Inneren beschützt. In späteren Zeiten der 18. Dynastie waren an dieser Stelle die Schutzgöttinnen Isis, Nephtys, Selket und Neith abgebildet. Ungewöhnlich ist außerdem: Der ganze Sarkophag ist mit Darstellungen im Flachrelief geschmückt, Nofretete hingegen in dem für die ägyptische Kunst seltenen Hochrelief. Sie trägt eine dreiteilige, herab fallende Perücke aus Locken, die von reich dekorierten Bändern zusammengehalten werden und von einem kobrageschmückten Diadem gekrönt sind. Auf ihm befindet

79 *Die jüngst gebaute Straße zum Königsgrab in El-Amarna ist eine lange, gewundene Strecke, die bis vor kurzem noch mit Eseln zurückgelegt werden musste.*

lich, schießen die Spekulationen wild ins Kraut.

Die von Wissenschaftlern am häufigsten vertretenen Thesen lauten: Unmittelbarer Nachfolger waren entweder Smenchkare (ein Bruder Tutenchamuns? Ein später Sohn von Amenophis III.? Ein Sohn von Kija oder Meketaton?) oder Königin Neferneferuaton-Anch(et)cheperure (Nofretete?). Für einige Forscher ist Smenchkare der Favorit, während vor allem die englischen Ägyptologen, aber auch Andrea Maria Gnirs von der Universität Basel, für die zweite These optierten. In dem umfassenden wissenschaftlichen Katalog zur Tutenchamun-Ausstellung in Basel und Bonn 2004 schreibt sie »Jüngere Untersuchungen sehen in ihr entweder Nofretete, Kija oder Meritaton. Aufgrund der grammatischen Struktur ihrer Königsnamen oder -titel gilt ihr weibliches Geschlecht mittlerweile als erwiesen ... Neferneferuaton ließ sich wie Hatschepsut in ihren Herrscherbildnissen als Mann darstellen. Auch im Jenseits sollte ihr dieser Status eigen sein ....«

In der Ausstellung »Das goldene Jenseits« wurden zwei Objekte – Fundstücke aus dem Grab des Tutenchamun – als Nachweise auf die weibliche Existenz von Anch(et)cheprure-Neferneferuaton vorgestellt: Zum ersten ein kleiner Eingeweidesarg. Eine exakte Untersuchung der Sarginschrift hat ergeben, dass der Name Tutenchamun hier nachträglich eingefügt worden ist, nachdem die Namen der Königin Anch(et)cheprure-Neferneferuaton entfernt worden sind. »Die Eingeweidesärge waren folglich für Neferneferuaton angefertigt worden«. Noch interessanter ist die königliche Kanopenbüste (▶ 81).

sich eine Sonnenscheibe, darüber zwei Federn und vorne an der Krone ein doppelter Uräus. Auch am unteren Rand der Sonnenscheibe befinden sich nochmals zwei Uräen, die den Betrachter anschauen. Inschriften verkünden, dass hier Nofretete dargestellt ist. Ihr Gesicht zeigt ähnliche Züge wie bei dem Granitkopf: Verschwommener Blick, kein unteres Lid, ein kaum merklicher Übergang von den Wangen zu den Backenknochen. Muss das alles nicht bedeuten, dass sie zur Zeit des Todes von Echnaton noch präsent war, und zwar in einer ganz ungewöhnlichen Position?

Wie ist es nun mit der Nachfolge Echnatons bestellt? Das ist ein dunkles, viel diskutiertes, ja heiß umstrittenes Kapitel. Hier wird so gut wie alles unübersicht-

80 *Der Steinsarkophag aus rosa Granit im Garten des Ägyptischen Museums Kairo zeigt Nofretete als Schutzgöttin, die mit ihren Armen die Ecken des Sarkophags von Echnaton umarmt.*

81 *Der Deckel des Kanopkenkrugs aus dem Grab des Tutenchamun gilt heute als Abbild der Anchcheprure-Neferneferuaton (Nofretete).*

Auch sie gilt heute als Abbild dieser Königin und eben nicht Tutenchamuns: »Aufgrund der charakteristischen Merkmale des Gesichts – die Gesichtsform, schwere Lider über großen Augen und herabgezogene Mundwinkel – gehen Kenner der ägyptischen Porträtkunst heute davon aus, dass die Portraitbüsten nicht Tutenchamun darstellen sondern seine Vorgängerin Anch(et)cheprure/ Neferneferuaton«.

Folgt man dieser Argumentation und der von Reeves, Harris, Samson und anderen, dann hätten wir hier möglicher-

82 *Die Reliefblöcke weisen Nofretete beim »Erschlagen der Feinde« aus, einer üblicherweise dem König vorbehaltenen Handlung.*

83 *Nur in dieser Um-*
zeichnung ist die
Darstellung von
Smenchkare und
Meretaton aus dem
Grab des Meryra
erhalten.

weise das (bisher einzige) Bild von Nofretete als Herrscherin vor uns – wenn sie
es denn war.

Das alles scheint ziemlich vage zu
sein. Es ist aber nicht unmöglich, dass
Nofretete die Nachfolgerin Echnatons
wurde. Schließlich ist sie ja auch beim
»Erschlagen der Feinde« (▸ 82) dargestellt
worden und dass war nun tatsächlich eine
(symbolische) Handlung, die nur den Königen vorbehalten war.

Von Smenchkare, der ebenfalls häufig als Nachfolger genannt wird, gibt es
keine Abbildung. Lediglich in dem Grab
von Meryra II war an einer Stelle ein op-
ferndes Paar – im Stil der Darstellungen
von Echnaton und Nofretete unter dem
Sonnenaton – zu sehen, dem die Namen
Pharao Anchcheprure Smenchkare und
große Königsgemahlin Meretaton, der
ältesten Tochter von Nofretete, zugeordnet waren. Leider ist die Darstellung nur
noch als Zeichnung (▸ 83) erhalten. Die
Abbildung selbst wurde gestohlen.

Ansonsten gibt es bis heute außer verschiedenen Namensnennungen nur noch

einen weiteren Beleg für die Existenz dieses Smenchkare: einen Ring (▸ 84), auf
dem steht »König Smenchkare erwählt
von König Echnaton«, heute im Ägyptischen Museum Berlin.

84 *Ein Ring mit Nennung des Namens Smenchkare.*

Ein ebenfalls in Berlin befindliches, wunderschönes Farbrelief zeigt ein Paar, das in einem blühenden Garten einen Spaziergang macht (▶ 85). Auch dieses Paar wurde lange Zeit als Smenchkare und Meretaton gedeutet. Nach Untersuchungen in Ägypten an der Mumie Tutenchamuns, die klären sollten, ob er eines natürlichen oder unnatürlichen Todes gestorben ist, gilt der König auf der Abbildung den meisten Forschern als Tutenchamun. CT-Untersuchungen, die der Direktor der Antikenbehörde Ägyptens Zahi Hawass 2005 durchführen ließ, haben zur Überraschung vieler Wissenschaftler ergeben, dass Tutenchamun einen Oberschenkelhalsbruch des linken Beines hatte. Deshalb also wohl der Stock – in seinem Grab wurden zahlreiche Gehstöcke gefunden – und die Notwendigkeit, sich wie auf der Abbildung beim Gehen abzustützen. Auch weitere Beinbrüche wurden festgestellt – eine schlechte Knochensubstanz als Folge des üblichen Inzest? Zur Zeit gehen die meisten Ägyptologen davon aus, dass diese Brüche von einem Jagd-Unfall stammen, dessen späte Folgen zu Tutenchamuns Tod geführt haben.

Zurück zum »Spaziergang im Garten«: Der König ist also Tutenchamun und nicht Smenchkare und die Frau an seiner Seite nicht Meretaton sondern deren jüngere Schwester Anchesenpaaton(amun), die dritte Tochter von Nofretete und Echnaton, die mit Tutenchamun verheiratet war.

Trotz alledem ist nicht ausgeschlossen, dass ein König namens Smenchkare existiert hat. Als männlich jedenfalls wurde in dem oben angeführten Grab KV 55 im Tal der Könige eine Mumie identifiziert, die viele für die Smenchkares halten.

Die möglichen Thesen für die Herkunft dieser Person sind fast so zahlreich wie die Autoren der Thesen: Smenchkare als Sohn von Amenophis III., als Sohn von Teje, als Sohn von Kija mit Echnaton, als Sohn von Meritaton oder Meketaton. Dabei wird häufig die Position vertreten, Smenchkare sei der ältere Bruder von Tutenchamun gewesen. Wahrscheinlich gibt es noch mehr Thesen. Sicher ist aber nur: Es gibt bisher keinerlei Belege für den Wahrheitsgehalt irgendeiner dieser Vermutungen.

Mit Sicherheit gibt es eine Regentschaft Tutenchatons (irgendwann) nach der Echnatons. Diese Regierungszeit begann auch noch in Amarna. Deshalb wohl führte er auch noch die Silbe Aton im Namen – als sichtbares Zeichen seiner Verbindung zum Sonnengott.

Zu Herkunft oder Abstammung stellt sich wieder die Frage: War er ein Sohn von Kija, von einer der beiden Töchter, Meretaton oder Meketaton, oder wirklich gar von Nofretete? Wir erinnern uns an die Abbildung im Königsgrab in Amarna mit dem königlichen Kind, das bei dem Tod von Meketaton fortgetragen wird. War das Tutenchaton?

Gesichert ist dann wieder: Er kehrte nach Theben zurück und setzte dort wieder die alte Ordnung in Kraft. Wann genau und warum dies geschah, dazu gibt es bis heute keine belegten Aussagen. Fest steht, dass nach dem Verlassen von Amarna die riesigen Tempel mit ihren Reliefwänden einem anderen Pharao als Steinbrüche dienten. Ramses II. ließ sie in Hermopolis als Füllmauerwerk eines neuen Tempels verwenden.

Tutenchaton zog mit seinen Untergebenen, wahrscheinlich im dritten Jahr seiner Regierung, dann noch weiter, zurück in die alte Verwaltungsstadt, den angestammten Sitz der Pharaonen nach Memphis. Auch änderte er jetzt seinen Namen in Tutenchamun. Das war ein Ausdruck davon, dass der ehemalige Hauptgott wieder an der Macht war. Allerdings gibt es Zeit seines Lebens immer auch Hin-

weise auf die vorangegangene Zeit und den Götterkult seines Vaters – wie die Abbildung vom Sonnengott Aton auf einem seiner Thronsessel belegt (▶ 86). Auf der Armlehne dieses Thrones findet sich außerdem auch noch die alte Schreibweise seines Namens: Tutenchaton. Vielleicht waren es diese Reminiszenzen, die verhindert haben, dass Tutenchamun in die Königslisten aufgenommen wurde.

Wann, wo, auf welche Weise, in welchem Alter und Rang Nofretete gestorben ist, das ist bis heute eines der großen Geheimnisse von Amarna. Mehrfach glaubte man, ihre Mumie gefunden zu haben, aber immer hat sich die Hoffnung als unbegründet, die Ansicht als falsch herausgestellt. Außer ihren Abbildnissen ist nichts von der schönen Pharaonenkönigin vom Nil geblieben.

85 *Das berühmte Relief eines Königspaars beim Spaziergang im Garten wurde lange Zeit als Smenchkare und Meretaton gedeutet. Dietrich Wildung interpretiert die beiden als Tutenchamun und Anchesenpaamun.*

86 *Der Thron des Tutenchamun zeigt die Sonnenscheibe Atons über dem Königspaar. Auf der Armlehne findet sich noch die alte Schreibweise »Tutenchaton«.*

Im März 1924 taucht Nofretete wieder auf, wird die Pharaonenkönigin nach dreitausend Jahren Vergessenheit einer großen Öffentlichkeit vorgestellt: Im Berliner Neuen Museum (▸ 87) eröffnet man eine Ausstellung (▸ 88) mit der Pharaonenkönigin im Zentrum.

Bereits seit 1918 hatte der damalige Direktor des Ägyptischen Museums an einer Neuaufstellung der Amarna-Funde gearbeitet. Dafür war es nötig, den südlichen Lichthof zu einem Ausstellungsraum umzubauen. Allein wegen der Heizungsprobleme dauerte das mehrere Jahre. Die neuen Räume waren fast provisorisch eingerichtet, karg im Bauhausstil gehalten, nicht besonders reizvoll oder gar prächtig.

Hier steht Nofretete nun also und löst eine Sensation aus: Fast alle Zeitungen berichten und die Orientseligkeit der Deutschen – nach der Weltausstellung in Paris entflammt und angeheizt durch die Entdeckung des Tutenchamun-Grabes 1922 – findet mit der Ausstellung in Berlin einen neuen Höhepunkt. Illustrierte Magazine machen die Schöne zur Titelheldin: Nofretete wird zum Pin-Up-Girl!

Und natürlich reagiert Ägypten. Der Nachfolger von Gaston Maspero, dem Direktor des Ägyptischen Museums in Kairo zur Zeit der Fundteilung, ist wiederum Franzose. Pierre Lacau, seit 1914 im Amt, ist nach dem Ersten Weltkrieg nicht gerade deutschlandfreundlich eingestellt. Die Deutschen wiederum sind nach eben diesem verlorenen Krieg nicht in einer Position der Stärke. Lacau verlangt die Skulptur sofort zurück. Die ägyptische Regierung schließt sich dieser Rückgabeforderung an. Zwar wird die juristische Rechtmäßigkeit der Fundteilung von 1912 nicht in Frage gestellt, Lacau führt aber moralische Gründe an.

87 *Im Neuen Museum auf der Berliner Museumsinsel wurde 1924 die Ausstellung mit der Büste der Nofretete eröffnet.*

Die Sorgen von Ludwig Borchardt, mit dem Bekanntwerden der Büste genau so eine Reaktion hervorzurufen, haben sich bewahrheitet. Lange hatte er in den Berichten an die Deutsche Orient-Gesellschaft immer vorsichtig umschreibend von der »bunten Königin« geschrieben. Die dazu veröffentlichten Fotos waren unansehnlich, unterbelichtet, ziemlich dunkel und wenig spektakulär.

1925 wird ein Grabungsantrag von Borchardt für Ägypten von den Behörden negativ beschieden. Ein Schicksal, das nun auch anderen deutschen Ausgräbern droht. Zusammen mit den Rückgabeforderungen, die die Wunden des Versailler Vertrages in die deutsche nationale Seele gerissen haben, löst dieser ganze Trubel um Nofretete nicht gerade Freude aus.

Um so erstaunlicher ist, dass der Generaldirektor der Staatlichen Museen, Heinrich Schäfer, 1929 nach einem Besuch von Lacau in Berlin zum Einlenken bereit ist. Er holt sich das Einverständnis von James Simon, der Nofretete 1920 mit anderen Funden der Ausgrabungen aus Amarna den Berliner Museen geschenkt hatte, und bereitet alles vor, um die Büste an die Ägypter zurückzugeben.

Das Gegenangebot aus Ägypten ist nicht unattraktiv: Berlin soll im Austausch zwei berühmte Skulpturen von hohem künstlerischem Wert erhalten, eine Statue von Ranefer aus dem Alten Reich und eine Sitzstatue von Amenophis, Sohn des Hapu, aus dem Neuen Reich. Dazu ein illustriertes Totenbuch oder einen großen Steinsarkophag.

Vom Standpunkt der Wissenschaft wahrscheinlich kein schlechtes Angebot, jedenfalls im Hinblick auf die Vollständigkeit der Berliner Sammlung. Borchardt hingegen argumentierte, dass es sinnvoll wäre, den Fund möglichst komplett zu Forschungszwecken zusammen zu halten.

Zunächst stimmte das Preußische Museum für Wissenschaft, Kunst und Volksbildung dieser Entscheidung zu. Aber die Stimmung bei den Berlinern war ganz anders.

So erschien zum Beispiel am 7. April 1930 das Gedicht »Abschied von Nofretete« in der Berliner Morgenpost.

So, da hat man die Pastete!
Majestäte Nefretete,
deren Schönheit mich berauscht,
wird für andere Qualitäte
aus Ägypten umgetauscht.

Uns verbleibt zwar Amenophis,
der ihr Ehegatte war,
uns verbleibt die Schwiegermutter,
wohlverpackt in Watte gar …

88 *Die Büste der Nofretete war das zentrale Exponat der Ausstellung von 1924.*

89 *An der Spree gegenüber der Museumsinsel hatte Adolf Hitler einen gewaltigen Museumsneubau (F) für Nofretete geplant.*

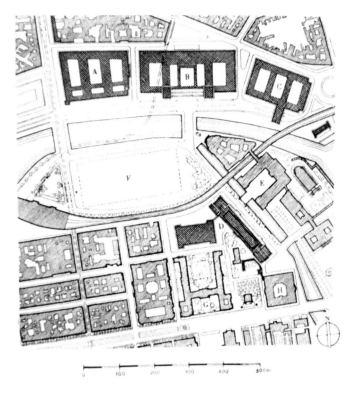

A–C Museen am nördlichen Spreeufer   D Museum in Verbindung mit dem Zeughaus   E Altbauten   F Geplanter Museumsbau   G Universität   H Zeughaus

doch was ist mir Amenophis –
was die Mutter, die vom Hof is,
aber eine Katastroph is,
geht die schönste der Figuren,
Nefretete mir verluren?

Oft noch späte im Gebete
Stand ich vor der Nefretete
Und erflehte mir diskrete
Nefretete-tete-a-tete…

Was Frau Nefretete täte,
wenn ich wieder vor sie träte,
Nefretete, die verschmähte,
und sie doch zu bleiben bäte?
(Roda Roda)

Eine prominente Stimme von vielen. Nicht zuletzt aufgrund des öffentlichen Drucks entschied sich im Juni 1930 der neue Chef dieses Ministeriums, Adolf Grimme, gegen einen Austausch der Büste.

Aber 1933 begann das Spiel von vorn. Ein weiteres Kapitel im unruhigen Leben der Nofretete. Anlässlich des Jahrestages des Regierungsantrittes von König Fuad I. erwog der nationalsozialistische preußische Ministerpräsident Hermann Göring eine Rückgabe der Büste. Anscheinend war auch Josef Goebbels der Meinung, man könne eine solche Aktion propagandistisch auswerten. Adolf Hitler selbst aber untersagte die Aktion. Er plante, so erinnert sich der involvierte deutsche Botschafter in Ägypten Stohrer, eines Tages ein neues großes Museum für die ägyptische Kunst in Berlin zu errichten, mit einem Saal ausschließlich für die Aufstellung der schönen Büste von Nofretete. Die Pläne lagen schon fertig in der Schublade (▶ 89).

Aber bevor es zur Umsetzung dieser Pläne kam, nahm der Lauf der Welt eine andere Richtung. Ende August 1939, kurz vor dem Angriff auf Polen, findet in Berlin ein internationaler Kongress für Archäologie statt. Dabei werden Informationen ausgetauscht, die es angeraten sein lassen, so bald wie möglich mit der Bergung und Sicherung der kostbarsten Objekte der Kunstwer-

ke auf der Museumsinsel und so auch des Neuen Museums zu beginnen.

Nofretete steht auf der Dringlichkeitsliste ganz oben. Verpackt in die Kiste Nr. 28 kommt sie zunächst in den Tresor im Keller der preußischen Staatsbank am Gendarmenmarkt. 1941 wandert sie dann mit anderen Museumsobjekten in den Geschützturm des Flakbunkers am Zoo.

Während um Nofretetes Überleben von höchster nationalsozialistischer Seite aus Sorge getragen wird, ist die Familie des Finanziers ihrer Entdeckung, James Simon, der den Berliner Museen mit Nofretete und andern Objekten Schenkungen im Wert von 40 Millionen Reichsmark gemacht hat, Verleumdungen, Beleidigungen und brutalen persönlichen Angriffen ausgesetzt. Simons Tochter, Dr. Dorothee Westphal, hat ihre Stelle am Museum bereits verloren. Immerhin gelingt es aber dem Generaldirektor der Staatlichen Museen und anderen führenden Köpfen zu erwirken, dass die Nationalsozialisten sie nicht in ein Konzentrationslager deportieren.

Gegen Ende des Krieges, im März 1945, werden die Kunstgüter aus dem Zoobunker evakuiert. Die Kiste mit Nofretete transportiert man mit über hundert anderen nach Merkers in Thüringen und bringt sie dort in den Stollen des Salzbergwerks (▶ 90, 91) Kaiseroda unter.

Am 4. April 1945 besetzt dei 90. Division der amerikanischen Armee den Ort. 13 Tage später bringt ein amerikanischer Konvoi den gesamten Fund – mit dabei auch hundert Tonnen Goldreserven der nationalsozialistischen Regierung – in das Frankfurter Reichsbankgebäude. Von

90, 91 *Nach der Evakuierung aus dem Berliner Zoobunker im März 1945 werden die Kunstschätze in das Salzbergwerk Kaiseroda in Thüringen überführt – und dort im April 1945 von amerikanischen Soldaten entdeckt.*

92 *Der Kunstschutzoffizier Walter I. Farmer verhinderte einen Abtransport der Nofretetebüste in die USA.*

da geht es ins Wiesbadener Landesmuseum weiter, in dem die amerikanische Armee einen »central art collecting point« eingerichtet hat. Walter I. Farmer (▶ 92), der hier als Kunstschutzoffizier tätig war, beschreibt in seinem Buch »Die Bewahrer des Erbes. Das Schicksal deutscher Kulturgüter im Zweiten Weltkrieg« wie es mit vereinten Kräften gelang, das zerstörte Museum so herzurichten, dass die wertvollen Objekte, darunter allein Hunderte von Gemälden der bedeutendsten Meister seit dem Mittelalter, sicher und trocken untergebracht werden konnten. Und noch auf anderer Weise musste er kämpfen: Ähnlich wie in Russland haben sich auch in Amerika nach dem gewonnenen Krieg Museen gemeldet, die an Kunstschätzen interessiert waren.

Im Fall der Nofretete war es das Metropolitan Museum in New York, im Fall der Gemälde das National Museum in Washington. 200 der bedeutendsten Gemälde aus Berlin wurden auch tatsächlich in einer großen Ausstellung den Amerikanern gezeigt. Bei Nofretete wusste Farmer aber den Abtransport – mit ungewissem Ausgang – zu verhindern. Auch die Gemälde kamen erst auf eine Initiative hin, die er noch vor Abreise der Gemälde in die USA mit seinen Kunstschutzoffizierskollegen gestartet hatte, sicher und unangetastet nach Deutschland zurück. Schließlich hatten auch der Direktor der Frick Collection und die Direktorin des Whitney Museums gemeinsam mit 95 Kollegen aus Museen und Wissenschaft der USA diese Resolution an die amerikanische Regierung unterschrieben. Ihr Inhalt: ein Appell an das demokratische Selbstverständnis. Das hieß auch: Wir sollten keine Beutekunst machen wie andere und alles tun, dass die Werte einer wahren Demokratie bei den Deutschen sinnfällig verankert werden.

Und noch eins war Walter I. Farmer zu verdanken: Die Ausstellung, die im Wies-

badener Landesmuseum am 12. Mai 1946 eröffnet wurde und zahlreiche Highlights aus Berlin präsentierte. Jetzt war Nofretete wie ein Symbol des Überlebens und des Friedens wieder für alle da, wurde zum Hauptanziehungspunkt für die Menschen, die von Kriegs- und Nachkriegszeit gezeichnet waren. Große Resonanz gab es auch in der Presse. Der Spiegel berichtete 1947 darüber: »Mehr als 200 000 sahen bewundernd die unsterbliche Schönheit«.

1948 übergaben die Amerikaner das Wiesbadener Kunstdepot in die Treuhand der Hessischen Landesregierung. Die Kiste 28 der ägyptischen Abteilung mit der Inventarnummer 21 300: Büste der Nofretete, wurde am 22. Juni 1956 offiziell an (West-) Berlin übergeben – also zurückgegeben.

Zusammen mit 28 anderen Objekten wurde sie dort zunächst in der Gemäldegalerie der Staatlichen Museen in Dahlem ausgestellt. Am 10. Oktober 1967 zog sie dann wieder um, als in Charlottenburg, also West-Berlin, das neue Ägyptische Museum im Stülerbau am Charlottenburger Schloss eröffnet wurde. Bundespräsident Heinrich Lübke, die englische Prinzessin Margret und viele andere haben Nofretete dort besucht.

Am 28. Februar 2005 hat dieses Haus seine Tore geschlossen. Nofretete ist von hier für kurze Zeit auf das Berliner Kultur-

forum am Potsdamer Platz gezogen, für eine Ausstellung über Hieroglyphen und moderne Kunst. Hier war es wie überall: Ihre Anwesenheit überstrahlte alles.

Danach war sie vier Jahre lang in der ersten Etage des Alten Museums zu sehen. Zum ersten Mal bei Tageslicht. Der damalige Direktor Dietrich Wildung wollte ein neues Lichtkonzept ausprobieren. Während im Museum in Charlottenburg die Welt des ägyptischen Altertums – wie meistens üblich – in Dunkelheit getaucht war und die Exponate besonders herausgehoben in ein magisches Licht getaucht wurden, wie einer geheimnisvollen jenseitigen Welt entstiegen, hatte er einen anderen Plan: Tageslicht sollte vor-

herrschen. Nicht nur, weil das die Räumlichkeiten und Fenster des Schinkelbaus so vorgaben, sondern auch deshalb, weil der herausragende Schwerpunkt der Berliner Sammlung, die Funde aus Amarna, ja dem Sonnengott Aton gewidmet waren. Wie vor 3000 Jahren sollten sie auch in Berlin im realen Licht des Tages präsentiert werden.

So diente diese Ausstellung auch als Probelauf für die Aufstellung von Nofretete und ihrem Gefolge im Neuen Museum, in das sie nach Abschluss von dessen Wiederherstellung – seit dem Ende des Zweiten Weltkrieges stand dieses Gebäude als Ruine auf der Museumsinsel – zurückkehren sollte. Fast zehn Jahre

93 *Das Neue Museum, restauriert und ergänzt von David Chipperfield, seit 2009 wieder Residenz von Nofretete.*

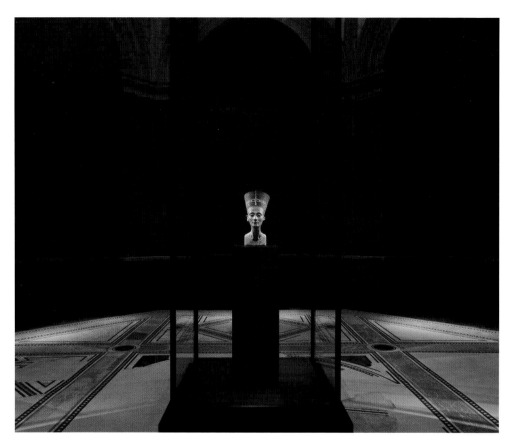

lang wurde diese Rückkehr mit einem riesigen roten Plakat auf dem Baugerüst angekündigt: »Nofretete kommt«. Aber es war noch eine Weile unklar, wo sie in dem von dem englischen Stararchitekten David Chipperfield behutsam rekonstruierten und zugleich modernisierten – so dass man die Wunden der Vergangenheit noch erkennen konnte – Neuen Museum aufgestellt werden sollte. Die ersten Pläne sahen vor: Aufstellung im Treppenhaus, zwischen oder vor den vier Säulen des ersten Absatzes. »Man soll zu ihr emporsteigen und Nofretete soll die Besucher des nach 60 Jahren Dornröschenschlaf wieder zu Leben erwachten Neuen Museums zugleich als Königin und Gastgeberin erwarten und willkommen heißen.«

Es wurde aber bald klar, dass dies nicht sinnvoll sein würde. Die erwarteten Besu-chermengen würden ihr an dieser Stelle keine sichere Position bieten. Die Entscheidung hieß schließlich: Nofretete soll in der Nordkuppel stehen, nur sie allein.

Eine hohe schlanke Vitrine wurde entworfen, die Beleuchtung immer wieder an einer Kopie ausprobiert. Bis zuletzt blieb es spannend, ob sie den eindrucksvollen Raum mit ihrer Präsenz füllen und beherrschen würde. Aber mit dem Moment ihres Einzugs am 4. Oktober 2009 um sechs Uhr morgens bestand daran kein Zweifel mehr.

Ganz allein ist sie allerdings nicht. In einer Nische haben die Berliner Museumsdirektoren eine Büste von James Simon aufgestellt, dem jüdischen Mäzen, ohne dessen Engagement Nofretete, die bunte Büste, die wunderschöne Königin vom Nil, nicht entdeckt worden wäre.

94 *Einer Königin gemäß ist einzig Nofretete im Nordkuppelsaal des Neuen Museums ausgestellt.*

DIE AUTORIN
Carola Wedel

Carola Wedel, Jahrgang 1953, studierte Germanistik, Geschichte, Kunstgeschichte, Archäologie, Philosophie und Theaterwissenschaft, u.a. an der Freien Universität Berlin.
Seit 1975 ist sie als Journalistin tätig, seit 1990 als Moderatorin, Redakteurin und Kulturkorrespondentin für das ZDF.
Für ihre Arbeiten erhielt sie zahlreiche Preise.
Carola Wedel lebt in Berlin.

© Erwin Kraut

BERLIN STORY VERLAG
Unter den Linden 40, 10117 Berlin

Magdalena und Gunnar Schupelius
ALEXANDER UND WILHELM – DIE HUMBOLDTS
64 Seiten, französische Broschur, 14,95 Euro
ISBN 978-3-86855-047-4

Wilhelm und Alexander von Humboldt sind mit den Brüdern Grimm sicherlich das berühmteste deutsche Geschwisterpaar. Alexander war fasziniert von der Natur, wurde Forscher und erkundete als erster Europäer viele lateinamerikanische Länder. Wilhelm wurde lieber Gelehrter und Sprachforscher und gründete die Berliner Universität. Magdalena und Gunnar Schupelius erzählen von dem aufregenden Leben der Brüder Humboldt. Zurab Sumbadze hat es farbenfroh illustriert.

FÜR KINDER UND ERWACHSENE
AB 8 JAHRE